LA FIN DE LA CHRÉTIENTÉ

CHANTAL DELSOL

LA FIN DE LA CHRÉTIENTÉ

L'inversion normative et le nouvel âge

LES ÉDITIONS DU CERF

www.editionsducerf.fr
24, rue des Tanneries
75013 Paris

ISBN : 978-2-204-14619-7

L'AGONIE,
OU COMMENT C'EST ARRIVÉ

Nous n'avons pas encore pris en compte la transformation majeure qui se produit à notre époque : la fin d'une civilisation vieille de seize siècles. Après maintes hésitations, j'utilise ce mot glaçant « agonie ». Car la mort de la Chrétienté n'est pas, loin de là, une mort subite. D'ailleurs, sauf exception, les civilisations ne connaissent pas de mort subite : elles s'éteignent peu à peu, en de nombreux soubresauts. La Chrétienté se bat depuis deux siècles pour ne pas mourir, et en cela consiste cette agonie émouvante et héroïque. Elle est si ancienne qu'elle a cru d'abord pouvoir prétendre à une sorte d'immortalité – n'était-elle pas marquée du sceau de la transcendance ? Et puis elle s'est crue, comme certains vieillards, trop âgée pour mourir. L'Église est éternelle pour les catholiques : il y aura toujours un groupe de fidèles, si maigre soit-il, pour la constituer. Mais la Chrétienté, c'est bien autre chose. Il s'agit de la civilisation inspirée, ordonnée, guidée par l'Église. Sous cet aspect on peut dire que la Chrétienté a duré seize siècles, depuis la bataille de la rivière froide (le Frigidus), en 394, jusqu'à la seconde moitié du XXe siècle, avec le succès des adeptes de l'IVG. Les réformes dites sociétales sont essentielles pour comprendre le début et la fin. Car il s'agit bien là d'une civilisation, autrement dit : une certaine manière de vivre ; une vision des limites entre le bien et le mal.

L'énergie incroyable avec laquelle la culture chrétienne se bat depuis deux siècles pour ne pas mourir, démontre à l'évidence qu'elle a bien formé un monde, un monde cohérent dans tous les domaines de la vie – appelé Chrétienté. Je n'approuve pas Emmanuel Mounier quand il dit qu'il n'y a pas eu de civilisation chrétienne : « La chrétienté est une illusion [...] le christianisme est une alternative au fond du cœur, et pas un établissement[1]. » Mounier décrit ici son vœu, certainement pas la réalité. Le christianisme a bâti une civilisation, qui a vécu selon ses lois et ses dogmes, tant bien que mal, pendant seize siècles.

1. E. MOUNIER, *Feu la Chrétienté*, Paris, DDB, 2013, p. 51.

L'héritage contre-révolutionnaire

La saison des Lumières, qui commence peut-être très tôt (avec Montaigne ? avec Vico ?) et trouve son apogée dans la grande révolution, met en cause nommément la chrétienté, s'en prend à la civilisation chrétienne, c'est-à-dire à des modes d'être, à une morale, à des croyances.

La Révolution française n'a pu s'accomplir qu'en opposition avec le christianisme, qui était depuis l'origine et jusqu'à récemment, on l'oublie trop, l'ennemi principal de la modernité[1].

Les historiens ont bien montré à quel point la Révolution française de 1789, qui est la quatrième du genre en Occident, a été singulière par rapport aux précédentes. Les révolutions néerlandaise, anglaise et américaine, pour renverser l'ancien ordre social, se sont appuyées sur un socle religieux comme Archimède sur son levier. Dans ces trois pays régnait la religion réformée, qui opposait peu d'obstacles aux idées nouvelles. Tandis que la Révolution française reposait sur le

1. À l'exception évidemment des protestants. Le terme christianisme inclut ici essentiellement les catholiques et les orthodoxes.

néant, parce que la religion catholique régnante rejetait tous ses principes, à commencer par la liberté et l'égalité. La conséquence fut que les trois premières révolutions ne tombèrent pas dans des utopies vengeresses et ridicules, installèrent des régimes stables, et engendrèrent des sociétés où la politique et la religion peuvent s'appuyer l'une sur l'autre. Tandis que la Révolution française déboucha sur une guerre perpétuelle entre l'Église et l'État, avec toutes ses conséquences : entièrement privé du spirituel, le politique tombe inévitablement dans des excès sinistres. Quant à l'Église, réduite au statut d'ennemi public et perpétuellement en révolte contre les lois et les mœurs, elle dépérissait lentement.

Les premières révolutions modernes fondées sur la liberté, furent des acquis protestants. C'est pourquoi les démocraties anglo-saxonnes d'aujourd'hui n'ont pas rejeté les références religieuses au sein même du politique : on ne dédaigne pas son berceau. En revanche, comme l'écrit Pascal Ory :

> La Révolution française ne put pas, au contraire des trois autres, s'adosser à une religion qui, cette fois, était catholique, apostolique et romaine. Les valeurs

qu'elle mettait en avant s'opposaient frontalement à celle du Magistère romain, faisant pour plus d'un siècle de l'Église catholique la principale centrale antilibérale du monde occidental[1].

À partir du début du XIXe siècle, en effet, l'Église catholique s'érige en rempart contre la modernité. Et parce que la liberté moderne s'avance comme un destin et ne peut s'effondrer, parce que ce sont ses adversaires qui se ridiculisent, l'Église va en un siècle et demi perdre peu à peu sa puissance, son aura et son influence : « Les siècles modernes sont une croisade contre le christianisme », disait José Ortega y Gasset[2]. C'est la chute de la Chrétienté comme civilisation chrétienne.

La Chrétienté comme civilisation est le fruit du catholicisme, religion holiste, défendant une société organique, récusant l'individualisme et la liberté individuelle. Il était naturel qu'elle se heurtât à la modernité, et une fois celle-ci au

1. P. Ory, *Qu'est-ce qu'une nation ?*, Paris, Gallimard, 2020, p. 161.

2. J. Ortega y Gasset, *Le thème de notre temps*, Paris, Les Belles Lettres, 2019, p. 84.

zénith, son destin était de disparaître. Lorsqu'au concile Vatican II, dans les années soixante du XXe siècle, l'Église finit par reconnaître la liberté religieuse, « révolution copernicienne » (J. Isensee) qui avait été préparée par l'encyclique de Jean XXIII, *Pacem in Terris*, en 1963, ce fut au cours de débats internes houleux[1]. Et en effet : il s'agissait, pas moins, de proclamer exactement le contraire de ce que Pie IX avait décrété dans le *Syllabus*, un siècle auparavant... Que signifie ce retournement, et quel est son but ? On comprend que l'Église ne souhaite pas, devant les assauts du Moderne, demeurer une forteresse assiégée. Cependant elle est la sentinelle d'une vérité plus que d'une réputation. Il est bien difficile de comprendre ce changement de cap manifeste, qui entérine la fin du holisme catholique et une entrée timide dans la société moderne de l'individualisme – puisqu'il signifie que « l'homme doit être considéré non pas comme l'"objet" de la vie sociale ou comme un de ses éléments passifs, mais comme son "sujet", son fondement et sa

1. J.-M. Mayeur (dir.), *Histoire du christianisme*, Paris, Desclée, 2000, t. XIII, p. 69 et 109.

fin[1] ». Pourtant, même si l'Église a voulu, ce faisant, se réconcilier avec l'époque, il sera trop tard. La modernité tardive, qui commence après la Seconde Guerre, considère définitivement l'Église comme une institution obsolète, parce qu'elle repose sur une vérité et use d'autorité pour la maintenir. Pendant la seconde moitié du XXᵉ siècle et le début du XXIᵉ, les divergences vont s'accumuler. Le libéralisme/libertarisme régnant représente l'inverse exact de la façon de penser ecclésiale.

Aujourd'hui, l'immense majorité du personnel de l'Église et de ses fidèles, est attachée aux principes modernes de liberté de conscience et de religion – sinon quelques petits groupes qui d'ailleurs n'oseraient pas défendre ouvertement les propositions du *Syllabus*. Et plus encore : la majorité du personnel de l'Église et de ses fidèles, nourrit du regret et du remords en se rappelant la radicalité du Syllabus.

À partir du début du XIXᵉ siècle, s'ouvre le long plaidoyer de la défense chrétienne. Antoine Compagnon a montré à quel point, pendant les

1. *Ibid.*, p. 110.

deux siècles qui nous ont précédés, la littérature antimoderne a surabondé[1]. Au milieu de cette littérature, dès après la Révolution se dessine, et de plus en plus précise, la hantise de la fin de la Chrétienté.

Mon propos n'est pas de faire l'historique de cette prise de conscience avec ses soubresauts dramatiques. Juste de montrer, brièvement et en guise d'introduction, comment la pensée chrétienne a peu à peu renoncé à la Chrétienté. On ne peut pas appeler cela une trahison, même s'il s'agit d'un enchaînement de concessions dont chacune se veut la dernière tout en laissant déjà porte ouverte à la prochaine. Car une trahison suppose une alternative, or on ne voit en l'occurrence aucun autre choix possible – les solutions extrêmes pour sauver la Chrétienté, ont été tentées au XXe siècle, et se sont révélées pires que le mal. On ne peut pas appeler cela un renoncement, qui suppose une indifférence, une fatigue, quand on regarde l'extrême combativité, la foi ardente qui anime toute une généalogie d'écrivains chrétiens depuis Juan Donoso Cortès jusqu'à William

1. A. COMPAGNON, *Les anti-modernes*, Paris, Gallimard, 2005.

Cavanaugh, en passant par Jacques Maritain et tant d'autres. Cette histoire de deux siècles marque plutôt une accoutumance progressive à une situation jugée au départ inadmissible, la succession des compromis autant que leur ampleur et, finalement, une situation dans laquelle rien ne reste. C'est l'histoire d'une défaite où tout a été âprement contesté, mais où rien n'a été sauvé, et on va le voir, pas même l'essentiel : l'histoire concrète d'une agonie, ou si l'on veut, d'un combat à mort, perdu d'avance.

Un destin antimoderne

Naturellement, il y eut des tentatives pour adapter la Chrétienté aux idées modernes qui déferlaient et s'imposaient de toutes parts. Au XIXe siècle, ce furent Charles de Montalembert et le courant du christianisme libéral. Pourtant, jamais ces adaptations ne parvinrent à une cohérence stable. Toujours il s'agit d'accommodements, aux senteurs de trahison. Le destin du christianisme l'incline irrémédiablement à haïr la modernité qui récuse ses principes premiers : la vérité, la hiérarchie, l'autorité et la contrainte.

Juan Donoso Cortès est d'abord un admirateur des Lumières[1]. Puis, comprenant que la « civilisation philosophique » s'oppose en tout point à la « civilisation catholique », il va devenir le défenseur ardent de la Chrétienté contre la modernité. Au milieu du XIXe siècle, Donoso voit là un combat du Bien contre le Mal, dont l'issue demeure incertaine en tout cas ici-bas. Les erreurs modernes – la récusation du péché originel, la liberté individuelle, la souveraineté de la raison, la démocratie – portent la marque de l'Antéchrist. La lutte manichéenne dont il s'agit est apocalyptique, aussi peut-on parler de théologie de l'histoire autant que d'histoire. Donoso semble parfois percevoir la destinée finale : la chute de la Chrétienté devant la « civilisation philosophique », et manifeste déjà ce défaitisme, accompagné d'une simple éthique de conviction, qu'on peut apercevoir chez les manifestants chrétiens d'aujourd'hui « la défaite est certaine… la lutte est l'accomplissement d'un

1. Je remercie ici Arnaud Imatz pour ses conseils, et je me réfère à son anthologie et à sa préface : J. DONOSO CORTÈS, *Théologie de l'histoire et crise de civilisation*, Paris, Éd. du Cerf, 2013.

devoir[1] ». Chez lui, le combat est celui du *desperado* : aucune civilisation ne peut, d'après lui, naître de la modernité des Lumières. La chute apocalyptique de la Chrétienté serait la fin de toute civilisation – idée que nous retrouvons dans bien des textes, et qui fera un tort immense à sa propre cause[2]. Donoso Cortès n'accorde pas une seule concession aux Lumières, il défend la doctrine historique et rigoureuse et se trouve prêt à tout perdre plutôt qu'à négocier. Un peu plus tard, nous trouvons une proche conception des choses chez le chef de file des catholiques sociaux français, René de la Tour du Pin[3]. Celui-ci, comme Donoso, s'engage activement dans la société de son temps. Son but affiché est de mener un combat sur tous les fronts – intellectuel, social, politique – pour travailler à la restauration de cette société aujourd'hui perdue, la monarchie chrétienne dans laquelle « l'Évangile gouvernait les États ». La Tour du Pin aperçoit l'introduction du paganisme dans nos

1. *Ibid.*, p. 190 s., correspondance avec Montalembert.
2. Dom GERARD, par exemple, dans *Demain la Chrétienté* (Paris, Dismas 1988 p. 129-130), cite Donoso Cortès pour montrer qu'il n'y a de civilisation que chrétienne.
3. R. DE LA TOUR DU PIN, *Vers un ordre social chrétien*, Paris, Beauchesne, 1907.

sociétés à partir de la Renaissance : il faut donc revenir à l'esprit du Moyen Âge, par des lois fondées sur le christianisme et la loi naturelle. Le nouveau pouvoir, une fois installé, mettra en place des lois répressives à l'encontre des délits – mœurs, corruption, sociétés secrètes[1]. Cette pensée scrupuleuse et manichéenne voit Satan dans la liberté[2] et considère la société chrétienne comme « par excellence la société parfaite[3] ». Ce courant participe à sa manière aux grands rêves utopiques de la modernité. Aujourd'hui, nous n'aurions guère le cœur à prétendre que telle ou telle société est ou serait parfaite. Nous sommes à la fois trop prévenus et trop déçus pour cela.

Le *Syllabus* de Pie IX date de la même époque : 1864. Le « Recueil renfermant les principales erreurs de notre temps » ne cède rien à la modernité. Son contemporain, Soloviev, aperçoit pareillement dans la modernité – matérialisme et progressisme –, le visage de l'antéchrist susceptible de détruire la Chrétienté et annonçant l'apocalypse[4].

1. *Ibid.*, p. 486.
2. *Ibid.*, p. 175.
3. *Ibid.*, p. 213.
4. B. Marchadier, « Le visage de l'antéchrist chez V. Soloviev », dans *Œcuménisme et Eschatologie chez*

En cette seconde moitié du XIXe siècle, la rencontre entre la Chrétienté et la modernité est encore une bataille, dans laquelle il faut engager toutes les forces.

La mission d'Henri Massis et de Charles Maurras, tous deux disciples de René de la Tour du Pin, consiste dans le sauvetage de l'Occident mis à mal par la modernité. Massis publie, en 1927, un ouvrage intitulé *Défense de l'Occident*. Il y prédit l'évolution qui sera confirmée à la fin du siècle : l'attrait pour les sagesses asiatiques, et partant, tout ce que signifie cet attrait en termes de civilisation – renoncement à l'idée de personne, abandon des vérités et de l'idée même de vérité. Comme beaucoup d'autres, Massis confond la chute éventuelle/prochaine de l'Occident chrétien avec la fin du monde humain – le livre commence par ces mots : « Le destin de la civilisation d'Occident, le destin de l'homme tout court, sont aujourd'hui menacés[1]. » Les chrétiens ne font que s'inscrire dans le courant décadentiste qui irrigue

Soloviev, collectif de la Société Vladimir Soloviev, Paris, Éd. de Guibert, 1994, p. 163 s.

1. H. MASSIS, *Défense de l'Occident*, Paris, Plon, 1927, p. 1.

l'Occident depuis le XIXe siècle, courant symbolisé par les mots de Paul Valéry : « Nous voyons maintenant que l'abîme de l'histoire est assez grand pour tout le monde[1]. » Mais les chrétiens voient dans cette chute la mort des valeurs intrinsèques, sans lesquelles il n'y aurait simplement pas de civilisation du tout – ce provincialisme de la pensée, qui consiste à se croire le seul vecteur de civilisation, aura pour principale conséquence de les décrédibiliser.

Les esprits vont très vite évoluer pendant le court et cruel XXe siècle, et on mesure l'ampleur et la rapidité des métamorphoses : qui oserait aujourd'hui approuver le *Syllabus* de Pie IX ? Cette évolution est une suite de concessions, d'adaptations, et aussi, très différemment, d'expériences politiques douloureuses, qui jalonnent le milieu du siècle.

Depuis le Sillon de Marc Sangnier jusqu'au personnalisme de Maritain et de Mounier, c'est le christianisme qui s'adapte à la modernité et espère, ce faisant, sauver l'essentiel. L'idée de

1. P. VALÉRY, *La crise de l'esprit*, dans *Œuvres*, t. I, Paris, Gallimard, coll. « Bibliothèque de la Pléiade », 1957, p. 988.

personne représente un principe capital de la pensée chrétienne. Le fédéralisme de Maritain en est un prolongement. La pensée chrétienne s'épanouit pendant la première moitié du XXe siècle, dans la mesure où elle s'efforce d'intégrer la démocratie et une forme de libéralisme. Pendant ce temps, la branche catholique demeurée radicale, espère que les fascismes-corporatismes sauveront la chrétienté en voie de perdition.

L'utopie du passé

Henri Massis, qui a écrit un ouvrage sur les trois fascismes-corporatismes de Mussolini, Salazar et Franco, décrit le fascisme comme une « révolution de l'ordre » capable d'arrêter la barbarie moderne. Le fascisme est constitué, déployé, pour sauver « les valeurs essentielles de la tradition occidentale[1] ». On a, depuis l'après-guerre, constamment identifié le fascisme au nazisme, et c'est une erreur grossière. Massis et Maurras savaient bien, et ils le répétaient, qu'Hitler souhaitait revenir à une barbarie païenne et, comme Nietzsche, tenait

1. H. Massis, *Les Chefs*, Paris, Plon, 1939, p. 8.

la Chrétienté pour responsable des malheurs modernes. Les fascismes-corporatismes agissaient pour sauver la Chrétienté, la restaurer, la réimplanter. Et, pour ce faire, récusaient l'anarchie démocratique autant que les despotismes hitlérien ou stalinien. La révolution fasciste est d'abord une révolution morale, ce qui veut dire qu'on réinstaure la morale par la force : Massis, qui en tant que catholique défend la famille, justifie la création par Mussolini des « fils de la louve » de 4 à 8 ans, avant les balillas[1].

La certitude de détenir la vérité est bien présente, puisque le régime de Salazar, par exemple, est appelé « une dictature de l'intelligence, une dictature de la raison[2] », signifiant que les comportements chrétiens-occidentaux sont les seuls viables, la modernité en face s'apparentant à un chaos nihiliste. La dictature surgit quand il n'y a pas d'alternative. Mais la dictature est prétendument transitoire : elle cessera lorsque les principes chrétiens seront tout à fait restaurés. Salazar, persuadé que le régime parlementaire est obsolète et ne reviendra pas, compte

1. *Ibid.*, p. 67 s.
2. *Ibid.*, p. 110.

sur la force pour sauver la morale traditionnelle. Massis appelle Franco un « soldat de Dieu », et son action une « croisade », une « politique de rédemption ». Présenté ainsi par Franco, le fascisme est « une réaction de défense de l'organisme, un refus de mourir[1] ».

Persuadés de l'apocalypse imminente, les fascistes révèlent leur folie désespérée. Sous Franco, le slogan que clament les soldats en campagne et les jeunes militants rassemblés, est « Vive la mort ! » Dans la Hongrie de Horthy, les commandos de service et les buveurs joyeux se crient les uns aux autres le slogan du pays meurtri : « Nous ne mourrons jamais[2] ! » L'éclat de ces paradoxes jumeaux, à la fois puérils et vains, raconte l'ampleur du cataclysme mental : il fallait absolument que la réalité ne fût pas ce qu'elle était. Racontée sous forme de la défaite inéluctable d'une civilisation, l'histoire ne pouvait être que bravade et provocation : tout était à prendre, tout était perdu, et la vie même n'avait pas de prix.

1. *Ibid.*, p. 150.
2. J. SZEKELY, *L'enfant du Danube*, Paris, Gallimard, 2019.

Alors que le nazisme voulait le retour du paganisme antique, les corporatismes et fascismes d'entre-deux-guerres œuvraient à la défense de la Chrétienté menacée. Moyens extrêmes, comme l'était la méthode du communisme pour, au contraire, porter au triomphe une forme de modernité.

Le courant de la révolution conservatrice allemande, entre les deux guerres, traduit la même aspiration : Restaurer ! Restaurer les valeurs traditionnelles en écartant le matérialisme, l'eudémonisme, l'émancipation des femmes ; restaurer l'artisanat et l'agriculture en luttant contre le libéralisme économique[1]. Quand un programme politique est utopique, il tombe inévitablement dans ses extrêmes, parce qu'il ne parvient jamais, et pour cause, à étreindre son objet. La révolution conservatrice finit, dans la douleur et la déception, par laisser place au nazisme, qui était son extrême renversé.

Le destin des utopies irréalisées représente une des histoires les plus cruelles du pathétique XXe siècle.

1. B. KOEHN (dir.), *La révolution conservatrice*, Rennes, Presses universitaires de Rennes, 2003.

Le raisonnement des fascismes-corporatismes était celui-ci : la modernité s'est faufilée dans la Chrétienté comme un voleur de grand chemin. Elle n'a rien à y faire et il faut l'en déloger. Tous ces régimes finissent par employer la terreur. On s'extrémise quand on veut réaliser une utopie, or c'en était une, que de vouloir restaurer la Chrétienté à son zénith – si tant est qu'il y ait eu un zénith. Dans *Les soldats de Salamine*, Javier Cercas décrit ainsi les rêves des créateurs de la Phalange espagnole à travers l'œuvre de Raphaël Sanchez Mazas : il chantait « la nostalgie douce-amère du temps qui fuit, entraînant dans son sillage l'ordre et les valeurs établis d'un monde aboli ; et, précisément parce qu'il a été aboli, c'est aussi un monde inventé et impossible, presque toujours à l'image du monde impossible et inventé qu'est le paradis[1] ».

Les fascismes-corporatismes furent, du point de vue de l'action politique, des soubresauts de la Chrétienté mourante.

1. J. Cercas, *Les soldats de Salamine*, Arles, Actes Sud, 2001, p. 87.

Comment ? Il aurait fallu en passer par ce régime fruste et patibulaire pour restaurer la Chrétienté ? Mais alors le moyen en venait aussitôt à discréditer la finalité ! Et c'est bien ce qui arriva : les fascismes/corporatismes, au lieu de restaurer la Chrétienté en dégoûtèrent les derniers partisans. Les créateurs de la Phalange espagnole se répétaient les mots de Spengler dans *Le déclin de l'Occident* : « Au dernier moment, c'est toujours un peloton de soldats qui sauve la civilisation. » Mais les choses se passent autrement. Une civilisation ne se sauve pas. Elle est une chose vivante qui l'heure venue parvient à son terme. Et les remèdes de choc qu'on impose au mourant pour tenter de le « sauver » s'occupent bien souvent, comme à l'hôpital, à le détruire pour en maintenir le fantôme. Si c'est un escadron de soldat qui tente de sauver la civilisation, non seulement il ne la sauvera pas, mais elle y perdra l'honneur en même temps que la vie. C'est ce qui arriva entre les deux guerres avec la Chrétienté. Car le christianisme, qui est de l'espèce immortelle comme toute religion (il suffit d'une poignée de croyants pour qu'elle perdure), a créé avec la Chrétienté une civilisation, chose éphémère, soumise aux temps et aux modes, et éminemment fragile – mortelle.

De la foi au rite

La Chrétienté comme culture singulière a été entraînée dans sa chute par la défaillance du socle qui en maintenait l'existence : la foi en une vérité transcendance, en l'occurrence, celle en un Dieu unique venu dans le monde.

Naturellement, la foi est une affaire intime et complexe. Bien souvent, l'individu lui-même ne sait pas vraiment, en son âme et conscience, s'il a ou non la foi ; ou bien il est croyant le matin et agnostique l'après-midi. Ceux qui font des enquêtes sur le nombre de croyants, naviguent en pays très flou. Et pourtant, depuis la Révolution le déisme et l'athéisme, qui se montrent à visage découvert, représentent un continent qui ne va cesser de croître. Pendant cette période, les rites ont porté l'incroyance, et les conséquences de ce processus ont été lourdes pour la postmodernité.

Le XXe siècle catholique a été, dans plusieurs pays d'Occident, largement influencé par le maurrassisme. La condamnation par Rome de l'Action Française, en 1926, pointait un agnosticisme à la fois revendiqué et pénétrant l'Église tel un cheval de Troie. Que faut-il comprendre par là ? Maurras professait l'attitude de celui qui pratique sans croire : les gestes et non la foi. On pensait, dans ce milieu, que la foi réservait ses joies aux sots, aux enfants et aux femmes (trois catégories équivalentes). Que Maurras eût un tel succès en cette première moitié du XXe siècle, cela manifestait un glissement important de la foi aux rites, annonciateur de la période suivante.

Ce dépouillement religieux, qui jetait la foi à la remorque du geste, a préparé le terrain et même contribué à engendrer la grande symbolisation des années soixante. À ce moment, la radicale révolte des mœurs qui va définitivement abattre la Chrétienté, se double d'une réduction des vérités de foi au statut de symboles. En ce qui concerne le sacrement de la Communion, pour ne prendre que cet exemple, la vérité de la transsubstantiation est mise en cause, y compris dans certains séminaires. On peut parler d'une protestantisation d'une partie du catholicisme. Les historiens des religions parlent explicitement aujourd'hui d'une « métaphorisation » ou « éviction totale ou partielle des références aux puissances surnaturelles[1] ».

1. D. Hervieu-Léger, *La religion pour mémoire*, Paris, Éd. du Cerf, 2008, p. 108.

Les métaphores, les symboles et les rites, mais sans la foi : ce glissement, dont on ne peut pas évaluer l'importance, nous ramène aux religions païennes, avant que la notion de vérité ne soit clairement établie. De façon toute naturelle, le vide laissé par le christianisme sera en partie rempli par de multiples paganismes.

Tous les siècles sont religieux

Il est très certain que les expériences corporatistes et fascistes ont jeté un discrédit durable sur le catholicisme. Elles ont laissé croire que cette religion n'avait pas vraiment abandonné ses velléités inquisitoriales, puisqu'elle était encore capable de vouloir imposer ses principes par la force.

Pendant ce temps, les courants de la démocratie chrétienne inspiraient des gouvernements modérés. Probablement ont-ils contribué à maintenir en vigueur les principes chrétiens. Plutôt faudrait-il dire, leur procurer un sursis, comme le montre, par exemple, l'histoire des lois sur le divorce en Italie. Il faut le dire : aucune société chrétienne ne repousse la vague moderne, même si, comme la Pologne d'aujourd'hui, elle offre une résistance remarquable. Comme si un destin contraire gouvernait les coulisses de l'histoire, toutes les réactions de défense, tous les gestes accomplis pour durer encore dans le temps, modérés ou violents, n'ont abouti à rien – la Chrétienté a poursuivi inexorablement sa marche à l'abîme.

L'après Seconde-Guerre a marqué le début d'une longue descente, et jusqu'aux années soixante, pendant lesquelles tout allait se défaire. La seconde moitié du XXe siècle voit, dans les pays occidentaux développés, le christianisme perdre son ampleur et sa notoriété. Et, en même temps, les principes cruciaux de la civilisation chrétienne s'effondrent définitivement, comme on le verra. Autrement dit, la chrétienté s'effondre en même temps que le christianisme s'amoindrit excessivement.

André Malraux, on s'en souvient, avait dit prophétiquement que le XXIe siècle serait religieux. Chez les chrétiens, on aime cette phrase qui conforte la volonté de résister au temps : parlant de « religion » on ne peut que sous-entendre « christianisme ». Mais la situation spirituelle n'a pas évolué comme prévu. Certes, le XXIe siècle est religieux – mais il n'est plus chrétien. D'autres religions ont envahi la scène.

Il n'y a pas grande prophétie à prédire qu'un siècle sera religieux – car tous les siècles le sont. Tant que l'humanité sera imparfaite et mortelle (jusqu'à la fin des temps sans aucun doute, en dépit des affabulations du post-humanisme), elle se donnera des religions, des sagesses, des morales. Seule la rationalisation extrême et fugace des Lumières, détachée des réalités, a pu croire à l'avenir de l'athéisme. Comme le souligne Dominique Folscheid, l'athéisme n'existe pas, sinon pour quelques Occidentaux qui, nantis d'un seul Dieu, en viennent à le perdre et s'imaginent finalement que l'on peut vivre sans aucun dieu[1]. On peut ajouter, à la lumière des circonstances récentes, que l'athéisme représente bel et bien une illusion, une vanité de l'esprit fort, enfin une impossibilité, puisqu'aussitôt déchu le christianisme, toutes sortes d'autres dieux viennent

1. D. FOLSCHEID, *L'esprit de l'athéisme et son destin*, Paris, Éd. Universitaires, 1991.

prendre sa place. Non, la fin de la Chrétienté ne laissera pas émerger des sociétés athées, parce que cela simplement n'existe pas. Les sociétés ne sont pas composées de quelques intellectuels, mais de peuples, auxquels le bon sens souffle qu'il existe des mystères derrière la porte, et qui sont au moins agnostiques s'ils ne sont pas croyants.

Après avoir longtemps cru (lisez Renan !) que l'esprit religieux allait s'éteindre tout naturellement avec le progrès des sciences, nous sommes en train de rétracter cette vaniteuse erreur. Il est difficile aujourd'hui de dire quelque chose de l'homme, créature si mouvante : pourtant, il semble bien que le besoin religieux ne soit pas destiné à mourir avec le progrès. Les humains, parce que leur monde est imparfait et parce qu'ils vont mourir, ont besoin d'idéaux, de morale et aussi de mythes, et ce ne sont pas les spéculations des Lumières qui vont les en débarrasser – il s'agit là des forces chtoniennes de la condition humaine, qui nous échappent de partout. Un élève de Habermas, Hans Joas, écrit ironiquement que « l'on peut imaginer un futur sans religion, et aussi sans musique, sans danse et sans théâtre[1]... » Les idéaux se réinventent autrement, mais le désenchantement ne signifie pas le règne de l'athéisme et du rationalisme tout-puissant. L'expérience de chaque jour nous confirme que la morale n'a pas disparu avec la chute de la Chrétienté, et même que la morale envahit tout – cela est une autre histoire.

Le célèbre désenchantement du monde, lui-même est désenchanté. La fin de la Chrétienté est suivie non par l'athéisme et le nihilisme, mais par de nouveaux mythes et idéaux. Ni la civilisation ni la morale ne s'arrêtent avec la Chrétienté. Elles s'orientent autrement et suivent d'autres voies. Nous ne sommes pas en train de vivre une descente aux enfers ni une perte totale de ce qui fait l'humanité. Mais un changement de paradigmes qu'on peut juger radical et discutable, mais qui n'en défend pas moins d'autres principes honorables. Mon maître, Julien Freund, pourtant hanté par les cauchemars de la décadence, parlait d'un *Nouvel Age*[2]. Je reprends cette expression. Le nouvel âge sera l'âge des sagesses

1. H. JOAS, *Les pouvoirs du sacré*, Paris, Éd. du Seuil, 2020, p. 109.
2. J. FREUND, *Le Nouvel Age*, Paris, Marcel Rivière, 1970.

et du paganisme, nécessairement redécouverts après la récusation de la transcendance.

Il faut, je crois, comprendre le moment que nous vivons comme une révolution, au sens strict de retour de cycle, dans les deux domaines fondateurs de l'existence humaine : la morale et l'ontologie. Nous sommes à la fois les sujets et les acteurs d'une inversion normative ; et d'une inversion ontologique. C'est dire que nos préceptes moraux aussi bien que nos visions du monde – avec notre place au sein de ce monde – sont en train de se renverser. Non pas que l'ancien fasse place à des nouveautés inédites – il n'y a pas beaucoup de nouveau sous le soleil. Mais on assiste plutôt à une sorte de retour aux sources – à quelles sources ?, mais à celles qui précédaient la Chrétienté, et même la judéo-chrétienté.

Paradoxe intérieur

Ni les juifs ni les protestants ne sont universalistes. Le Dieu des juifs semble bien se préoccuper exclusivement de son Peuple Élu, et les protestants s'intéressent surtout à la protection de la conscience individuelle. Ni les uns ni les autres ne se vouent au prosélytisme, qui représenterait pour eux une sorte d'outrecuidance ou de vulgarité. Les chrétiens et les musulmans, en revanche, sont universalistes : la volonté d'englober tous les humains fait partie de leur mission terrestre (même si elle est assez différente des deux côtés). La religion islam se déploie ainsi dans une civilisation Islam comme le christianisme se déploie en Chrétienté. Ainsi gît dans le christianisme une contradiction[1]. Cette religion ne veut pas tenter de se saisir d'un pouvoir terrestre – sa doctrine le lui interdit clairement. Et même s'il existe dans l'histoire des tentatives contraires, dues à l'ambition, dans l'ensemble l'Église demeure séparée du pouvoir politique. Mais, par ailleurs, le christianisme est universaliste et a reçu pour vocation de prêcher sur toute la terre et d'augmenter constamment le nombre de ses fidèles. Ce qui l'assigne à un poste, si ce n'est de commandement politique, au moins de gouvernance, de surveillance, de veille, d'inspection

1. Cette contradiction a été évoquée par P. MANENT dans *Mémoire intellectuelle du libéralisme*, Paris, Calmann-Lévy, 1987, p. 20-21.

et de contrôle. C'est par le biais de la charité et par la pastorale que l'Église assume ce rôle. Aux premiers siècles d'Occident, elle crée les hôpitaux, et au dernier siècle, elle tient les patronages et les associations de jeunesse. C'est un maillage profond, qui inclut une influence durable sur les lois et les mœurs, ce que nous appelons la Chrétienté. Et c'est bien cette autorité, et même cette domination sur les lois et les mœurs, qui se défait dans la seconde moitié du XXe siècle. Dans certains cas, elle se heurte à une révolte, comme au Québec, là où cette autorité était particulièrement puissante et détaillée. On constate, ébahi, la force et la soudaineté de cette révolte – comme ces situations dans lesquelles la soumission à un pouvoir détesté, attend longtemps son heure pour finalement exploser en brisant tout. D'un Québec où les prêtres faisaient la loi dans les couples et dans les familles, il n'est resté en quelques années qu'une province délestée de sa religion où la plupart des clercs avaient défroqué. Le plus intéressant ici étant l'attitude des clercs, qui passent rapidement de la domination à la culpabilité : il est probable qu'eux aussi avaient, dès longtemps, honte de cette situation et de l'emprise qu'ils exerçaient. Ce type de situation a été vécue dans nombre de pays, même si le cas québécois fut le plus emblématique.

Quoique refusant, par sa tradition propre, la collusion avec le pouvoir politique, le christianisme a besoin d'une emprise légitime sur la société s'il veut accomplir sa mission apostolique. C'est là une contradiction intrinsèque. À laquelle il faut ajouter la réalité du monde occidental moderne : les sociétés pluralistes d'aujourd'hui n'acceptent plus l'influence maîtresse d'une conviction religieuse ou idéologique. Les avis de l'Église deviennent des opinions, cataloguées comme les autres dans les rangs des Comités d'éthique.

L'INVERSION NORMATIVE

Depuis la seconde moitié du XXe siècle et, significativement, depuis les années soixante, nos hiérarchies morales se sont littéralement inversées. Il n'est pas rare, concernant les comportements individuels et les actes sociaux, qu'en peu d'années un mal soit devenu un bien et inversement, que l'ancienne conduite honnie soit à présent louée, que l'ancienne admiration se mue en récusation. Dans le monde de nos pères, la colonisation était généreuse et admirable, la torture et la guerre des pis-aller ; aujourd'hui la colonisation et la torture sont des gestes sataniques, et très largement, la guerre aussi. L'homosexualité était bannie et méprisée, elle est aujourd'hui non seulement justifiée mais vantée. L'avortement, auparavant criminalisé, se voit légitimé et conseillé. La pédophilie, considérée auparavant comme un pis-aller qu'on supportait pour la sauvegarde des familles et des institutions, est aujourd'hui criminalisée.

Le divorce, il y a peu impossible puis difficile, ne rencontre plus aucun obstacle. Le suicide était réprouvé (on n'offrait pas aux suicidés de funérailles religieuses), il est considéré comme un possible bienfait, et les lois peuvent dans certains pays aider à sa réalisation.

La question des mœurs et son importance

Dans une société, le tableau des mœurs est un point focal qui concentre les choix philosophiques communs. Le comportement permis, vanté, interdit, signe la pensée d'une époque. Ce n'est que la traduction de quelque chose de plus profond : mais une traduction trempée dans le sang et la sueur de cette société précise – et racontant ses dieux en même temps que sa conduite. Tout acte signifiant révèle une croyance qui dort, si elle n'est pas consciente. Vous produisez l'effort, parfois cruel, de demeurer auprès du conjoint difficile au lieu de vous séparer de lui : c'est que vous abritez, sans le savoir peut-être, une certaine idée puissante de la fidélité à soi, autrement dit de la responsabilité personnelle. Vous refusez de vous débarrasser d'un embryon superflu et mal venu, c'est que gît en votre conscience la certitude mal dégrossie peut-être, mais réelle, qu'il y a là une dignité dormante. Toute action qui n'obéit pas au strict désir de l'instant, qui réclame des efforts ou même des sacrifices, engage des croyances souvent enfouies et secrètes. Ces croyances peuvent avoir pour fondement une religion, une sagesse millénaire ou des coutumes ancestrales – peu importe, elles sont ancrées et ce sont elles, souvent dans le secret, qui gouvernent les comportements humains. Il n'y a que la loi du caprice qui n'engage aucune croyance, et encore, pour n'apparaître pas frivole, se prétend-elle mue par le principe de liberté.

Toute société repose sur un modèle général qui englobe les mœurs, les lois, les habitudes, la morale ordinaire, et tout cela cohérent, formant un ensemble – une architecture des mœurs, que Montesquieu appelait l'esprit général d'une nation[1]. Laquelle est très stable : une société ne change pas de mœurs comme de gouvernement. Les lentes évolutions sont la règle en la matière.

1. MONTESQUIEU, *L'Esprit des lois*, XIX, 4.

Les révolutions morales sont rares – dans ce cas, la société se trouve habitée par deux paradigmes au lieu d'un, luttant l'un contre l'autre, et elle ne s'apaise que lorsque l'un des deux a pris le dessus. Nous nous trouvons dans l'un de ces moments historiques.

L'inversion normative que nous avons sous les yeux apparaît à une grande partie de la jeunesse comme tout à fait naturelle, parce que les enfants sont toujours éduqués par leur temps davantage que par leurs parents. Elle dérange les gens âgés, mais n'ont-ils pas toujours été dérangés par le temps qui passe ? Elle affole une partie des chrétiens, d'où les Manifs-pour-tous ou les associations pro-vie. Il faut mettre un nom sur cette inversion. Elle traduit et raconte la fin de la Chrétienté. Et elle sera encore plus facile à comprendre si on remonte aux origines : la Chrétienté s'est établie par une inversion normative, dans l'autre sens.

Le conflit entre païens et chrétiens et la naissance de la Chrétienté

On date généralement du règne de Constantin (272-337) l'amorce de la Chrétienté. Empereur romain converti au christianisme, il s'efforce en effet, par ses réformes, de conférer à cette religion un statut officiel. Mais ce n'est pas au détriment du paganisme, alors encore majoritaire. L'attitude de Constantin est libérale (contrastant avec les périodes de persécution des chrétiens, qui le précèdent de près), elle n'est pas encore l'établissement de la Chrétienté. Personnage de transition, Constantin à la fois endosse le vêtement du *Pontifex Maximus*, indice de la divinité de l'empereur, et érige des lois en faveur de la famille et contre l'infanticide. Pour parler du règne du christianisme, il faut attendre Théodose, peu de décennies après. Je me réfère aux historiens Jean-Marie Salamito et Stéphane Ratti[1] : si l'on voulait dater le début de la Chrétienté – datation difficile pour un processus culturel de cette ampleur –, on pourrait

1. Qu'ils soient remerciés pour leurs multiples et précieux conseils sur la période du Bas Empire. Notamment, le cours de J.-M. Salamito sur Constantin et, de S. Ratti, *Polémiques entre païens et chrétiens*, Paris, Les Belles Lettres, 2012.

oser la date de 394. La bataille du Frigidus, dite aussi de la Rivière Froide, qui oppose, de façon assez habituelle à l'époque, l'empire romain d'Orient et l'empire romain d'Occident, est en réalité un conflit religieux, dans lequel on a pu voir la première guerre de religion. Théodose, l'empereur d'Orient, est chrétien, et Eugène, un tyran usurpateur qui passe pour l'empereur d'Occident, est païen. Les réformes symboliques de l'un et de l'autre, leurs rituels et leurs alliances, ne laissent pas douter de la teneur religieuse du combat, des deux côtés. La victoire de Théodose, qui s'empare d'Eugène et le fait décapiter, ouvre l'ère du christianisme au pouvoir.

On ne doit pas croire que le culte des dieux romains serait mort de dégoût ou d'inanition. Il s'est défendu, et avec panache, face à un processus inexorable qui, de plus en plus, le débordait de toutes parts. On estime qu'à l'époque de Constantin, les chrétiens ne représentaient pas plus de dix pour cent des habitants de l'empire, avec des disparités selon les régions. Mais cette petite cohorte grandissait toujours. Les querelles et combats symboliques, se multiplient en ce IVe siècle. Le paganisme se débat comme un athlète blessé, engageant ses plus grands esprits. En 384, l'écrivain Symmaque, alors préfet de Rome, écrit à l'empereur Valentinien II pour protester contre l'enlèvement au Sénat de l'Autel de la Victoire : un geste signifiant de l'avancée du christianisme. C'est l'évêque de Milan, Ambroise, qui répond dans l'autre sens[1]. La guerre des symboles traduit toujours la guerre des dieux, qu'elle exacerbe en couleurs avant de la laisser exploser par les armes. Symmaque et Ambroise se font face quelques années avant le Frigidus, qui sera décisif. Pendant la seconde moitié du IVe siècle, le destin hésite.

Ce qu'on appelle l'Édit de Milan de Constantin, en 313, qui en réalité n'est pas un édit, consacre seulement la tolérance religieuse, non l'établissement de la Chrétienté. C'est Théodose qui tout à la fin du IVe siècle, instaure le christianisme en religion dominante, et aussitôt oppressive – même si Constantin avait déjà commencé à brûler des livres et à persécuter certains païens. Il réprime. Il censure. Brûle les livres. Condamne à mort les charlatans ou scientifiques inorthodoxes.

1. Sur l'affaire de l'autel de la victoire, voir G. BOISSIER, « Essais d'Histoire religieuse », *Revue des deux mondes*, 3e période, t. LXXXVIII, 1888, p. 61-90.

Bannit les cérémonies païennes, à Rome d'abord. Prive les apostats de leurs droits civils. Interdit de sacrifier aux idoles dans tout l'empire, même en privé.

Le IVe siècle : l'inversion normative

On ne peut pas dire que les temples laissent place aux églises : celles-ci s'installent dans les temples et christianisent les cultes païens au lieu de les détruire. Ce qui représente une expression significative de la métamorphose en cours : les chrétiens ne s'instaurent pas sur une *tabula rasa*, ce qui serait d'ailleurs impossible à quiconque et n'arrive jamais dans l'histoire. Ils utilisent ce qui existe et le dévient, ils s'installent par « emprunts, greffes et bouturages[1] ». La morale chrétienne poursuit en partie la morale stoïcienne qu'elle transforme en vérité dogmatique et en même temps démocratise[2] – le stoïcisme est

1. S. RATTI, *L'Histoire Auguste*, Paris, Belles Lettres, 2005, p. 14-15.
2. Voir Ph. ARIÈS et G. DUBY (dir.), *Histoire de la vie privée*, t. I, *De l'Empire romain à l'an Mil*, Paris, Éd. du Seuil, 1999, p. 709 s.

une morale d'élite. Nombre de valeurs romaines sont reprises, à ce point que les Romains de tradition accusent les chrétiens de parasitisme. Les chrétiens s'approprient la dévotion, le mariage monogame ou la condamnation de l'homosexualité masculine, et prétendent avoir la préséance de ces principes ou pratiques tout en les arrangeant à leur goût, ce qui a le don d'exaspérer les païens[1].

Quoi qu'il en soit, le IVᵉ siècle fut une rupture de paradigme, à la fois au sens philosophique et au sens éthique. L'univers des chrétiens était l'envers de celui des Romains : ils introduisaient un dualisme entre temporel et spirituel, l'ici-bas et l'au-delà, les hommes et Dieu, alors que le monde religieux antique était profondément unifié. Les Romains durent avoir l'impression d'entrer dans un monde intellectuel et spirituel déchiré. Par ailleurs, en l'espace de quelques décennies, s'opère un renversement des mœurs. L'ancienne morale se voit remplacée par une autre. Dans le cadre de ce que nous appelons aujourd'hui le sociétal – autrement dit les

1. *Ibid.*, p. 36-49.

mœurs – il se produit une inversion des valeurs. Tout doit être renversé, comme l'écrit Tertullien, théologien chrétien du IIe siècle :

> C'est contre tous ces préjugés que nous avons à lutter, contre les institutions, les ancêtres, l'autorité de la chose reçue, les lois des gouvernants, les raisonnements des sages ; contre l'antiquité, la coutume, la nécessité ; contre les exemples, les prodiges, les miracles, dont le secours a fortifié toutes ces divinités adultères[1].

Bien avant le christianisme, les Romains sont monogames – « je serai Caïus, tu seras Caïa. » Mais les lois sur le divorce se sont faites, avec le temps, de plus en plus permissives. Pour finir même les femmes pouvaient demander le divorce, rendu aisé et rapide – sur message porté par un esclave[2]. Les empereurs chrétiens qui se succèdent vont au contraire le pénaliser, sauf exceptions bien précises qui seront, avec le temps, de plus en plus drastiques, jusqu'à

1. TERTULLIEN, *Aux Nations*, II, I, *OC*, Amazon Italia Logistica, 1952.

2. S. HORNBLOWER et A. SPAWTORTH, *The Oxford Classical Dictionnary*, troisième édition.

l'interdire tout à fait. Au long du Bas Empire, la question reste cependant l'objet d'un débat et même d'un rapport de force entre le pouvoir et le clergé, toujours plus exigeant[1].

L'avortement et l'infanticide avaient toujours été légitimes chez les peuples anciens, sauf chez les Juifs et les Égyptiens. Les Grecs et les Romains les pratiquaient couramment – les familles romaines ne gardaient, comme fille, que la première née. La limite posée y était la loi du patriarcat : le fœtus, ou l'enfant, appartenaient au père qui devait pouvoir en disposer. Les juifs puis les chrétiens ont toujours récusé ces pratiques[2]. Les chrétiens, désormais au pouvoir, les condamnent. En cas d'extrême misère, qui provoquait parfois l'infanticide, Constantin, en 329, autorise la vente du nouveau-né – c'est l'équivalent ancien de notre accouchement sous X, conçu pour éviter un IVG. Une loi de

1. J.-M. MAYEUR (dir.), *Histoire du christianisme*, t. II, Paris, Desclée, 1995, p. 709-710.

2. Par exemple PHILON D'ALEXANDRIE en développe la démonstration : le fœtus est « un vivant pour soi », autrement dit une personne, et de surcroît innocent : s'en débarrasser est un assassinat, *De Specialibus Legibus*, III et IV, Paris, Éd. du Cerf, 1970, voir III, 37-119.

Valentinien Ier, en 374, assimile l'infanticide au parricide, puni de la peine capitale. Quant à l'avortement, il est un meurtre pour les chrétiens après 40 jours – il n'y aura guère de changement dans la doctrine à cet égard jusqu'à la fin du XIXe siècle.

Le suicide, appelé mort volontaire *(mors voluntaria)* était vanté et même encouragé dans certaines circonstances, par exemple chez les Épicuriens. La question essentielle de l'honneur individuel clivait le débat : faut-il vanter un acte qui ressemble à une démission, et aussi à une ultime maîtrise de soi ? Ici, comme sur d'autres sujets, Platon avait précédé le christianisme en laissant entendre, dans le *Phédon*, que nous ne sommes peut-être pas maître légitime de notre vie. Au IVe siècle, la pensée chrétienne renverse l'opinion précédente concernant le suicide : nous n'avons pas à disposer de ce qui ne nous appartient pas en propre, à vouloir prendre une décision qui n'est pas la nôtre.

L'homosexualité, bien connue à Athènes sous forme de pédérastie ou de pédophilie, jouissait à Rome de la même licence, quoiqu'avec d'importantes variantes. Si les homosexuels masculins étaient réprouvés à Rome, c'était pour renoncement à leur virilité, et ce thème était fréquent chez les Anciens. En 390, une loi de Théodose condamne au bûcher les exolètes – ou prostitués mâles, et curieusement, la raison invoquée en est la même que celle précédente : le manquement à la virilité. Par ailleurs, Théodose interdit les jeux olympiques de 392, notamment en raison de la nudité des athlètes.

Théodose conserve les fêtes païennes, mais il les dépouille de toute signification religieuse et les interdit le dimanche, devenu désormais le jour du Seigneur.

En un demi-siècle s'accomplit l'inversion normative. Et cela, même si la volonté chrétienne d'une rigueur nouvelle voit se dresser devant elle les obstacles de la coutume – en 407, le concile de Carthage demande d'interdire le divorce mais, par une loi de 421, les empereurs chrétiens s'y refusent : « L'idéal de chrétienté peine à se réaliser[1]. »

1. M. Rouche, *Les origines du christianisme*, Paris, Hachette, 2021, p. 154.

On le voit, le retournement moral va ici dans le sens d'une plus grande rigueur[1]. Ce qui le rend d'autant plus significatif. Toutes les sociétés connaissent, au fil du temps, des assouplissements et des libéralisations progressives, qui correspondent à l'adoucissement des mœurs. La permissivité à la fois s'accroît en son contenu et s'étend à davantage de groupes. Ici, au contraire, on impose de nouvelles exigences : à coup sûr, l'acceptation devait se fonder sur des croyances profondes. Et il fallait sans doute, pour la survie de cette rigueur dans les siècles suivants, l'enracinement des croyances qui l'avaient suscitée.

On se demande ce qu'en ont pensé les païens, encore majoritaires à cette époque. Assurément, ils se défendaient contre ce déferlement, et ils le faisaient au nom de la tradition. Ils défendaient l'ordre des choses, l'ordre de la *paideia*, de la culture romaine. Sous son règne bref (361-363)

1. Ainsi l'anonyme de la *Lettre à Diognète* décrit-il les chrétiens des origines : « Ils se marient comme tout le monde, ils ont des enfants, mais ils n'abandonnent pas leurs nouveau-nés. Ils partagent tous la même table, mais non la même couche » V, 6-7, Paris, Éd. du Cerf, 2005.

l'empereur Julien, dit l'Apostat, annonce qu'il réserve l'enseignement aux professeurs païens – une culture qui se défend par l'interdit manifeste ses faiblesses. Symmaque et Rutilius Namatianus, deux écrivains renommés de ce IVe siècle finissant, en appellent aux dieux traditionnels et à la Rome éternelle. Dans les *Lettres* de Symmaque, on sent ce conservatisme courtois et désolé, l'élégance surannée de celui qui clôt la liste au moins avec panache. Rutilius Namatianus s'en prend aux moines et aux Juifs, deux espèces emblématiques de l'esprit chrétien. Ce qui ressort de *L'Histoire Auguste*, œuvre anonyme écrite au moment de la bataille du Frigidus, c'est le désarroi, l'amertume de la pensée païenne qui voit son monde se défaire. On le sent au ton des textes : l'évolution est inéluctable, et on se bat le dos au mur, presque pour l'honneur. Même indignation, même résignation que nos chrétiens du XIXe et du XXe siècle. Les païens du IVe siècle savent déjà qu'ils représentent l'ancien monde, un monde perdu. La nouvelle morale se déploie du centre aux périphéries, toujours en retard dans les campagnes, comme il arrive ordinairement – d'où le paysan, *paganus*, qui donne le mot païen. Le terme « païen » est à la fois commode et inapproprié. Il est une création des adversaires. Le mot paganisme est utilisé pour la première fois au IVe siècle par Marius Victorinus et Augustin[1]. Le déploiement, la dissémination du christianisme depuis les centres jusqu'aux périphéries, depuis les lieux de culture jusqu'aux villages, s'accompagne d'un sentiment de fierté, comme si le nouveau était meilleur. Les « païens » apparaissent comme des conservateurs marchant à reculons. Et les chrétiens se disent « modernes » – le mot *modernus* apparaît à cette époque[2]. Le paganisme est donné pour superstitieux, désuet et dépassé[3]. Il s'agit déjà d'une marche vers un progrès : le vainqueur s'approprie le sens de l'histoire.

1. *The Oxford Classical Dictionnary*, art. « Paganisme ».
2. « Lettre du pape Gélase Ier (492-496) aux évêques Rufinus et Aprilis », dans *Patrologia Latina*, t. LIX, 1862, col. 152 C : *Quis aut leges principum aut patrum regulas aut admonitiones modernas dicat debere contemni... ?*, « Qui dirait qu'il faut mépriser les lois des empereurs, les règles des Pères ou les admonitions modernes... ? »
3. P. VEYNE, *Quand notre monde est devenu chrétien*, Paris, Albin Michel, 2007, p. 170.

*L'inversion normative contemporaine depuis le XVIIIe*

Les révolutionnaires de 1789 n'étaient pas seulement mus par des espoirs utopiques puérils, ils avaient aussi soupçonné quelque chose de profond, quand ils instaurèrent l'an I. Après les prémisses du XVIIIe siècle, la période révolutionnaire fut ce qu'on peut appeler le début de la fin de la Chrétienté. Pourtant, c'est seulement aujourd'hui que nous pouvons le comprendre, parce que nous arrivons au terme du processus commencé alors. On a pu tenir les attentes révolutionnaires pour des prétentions d'idéologues, irréalisables. La plupart l'étaient. Mais une certitude existe : à ce moment-là, les Occidentaux commencent à renverser la civilisation commune. Ce processus va durer deux siècles. Il est fait d'allers et de venues, de luttes entre les détracteurs et les défenseurs. Cela ressemble au siège d'une ville. On pourrait ailleurs raconter l'histoire de cette succession de coups de butoir, tantôt victorieux et tantôt vaincus. Prenez le divorce en France. Une loi autorisant le divorce est promulguée en 1792, pendant la Révolution. Elle est abrogée en 1816, sous la

Restauration. Mais le divorce est rétabli en juillet 1884. Une loi du régime de Vichy du 2 avril 1941 en restreint les possibilités (il ne peut avoir lieu dans les trois ans suivant le mariage). Enfin, après la Seconde Guerre, les lois sur le divorce le rendent de plus en plus facile, jusqu'à aboutir au consentement mutuel. La volonté d'extirper les principes issus du christianisme connaît des échecs et des revers. C'est que la Chrétienté se défend, et mobilise toute son ardeur pour maintenir la puissance législatrice et pénale de ses mœurs. Pourtant, quoiqu'il arrive et en dépit de quelques succès épisodiques, la vague déferle pendant deux siècles toujours dans le même sens, et ne s'arrête jamais. En Italie, les chrétiens ont fait une ultime tentative en 1974 pour tenter d'abroger la loi autorisant le divorce. Chant du cygne. Avec un taux de participation de 88 %, 60 % des votants s'exprimèrent contre l'abrogation. Depuis, le divorce s'est encore assoupli, et est devenu en Italie un acte courant. On ne voit pas ce qui pourrait à présent le mettre en cause.

L'histoire, récente celle-là, des lois sur l'IVG, traduit les mêmes soubresauts, semés de réactions violentes dans les deux sens. Les manifestations hurlent. Les lois votées suscitent des cris de joie et des cris d'horreur, et des excès de partout. La passion s'en mêle toujours. Des femmes défilent en hurlant que leur corps leur appartient. Des groupes extrémistes tentent de bloquer le fonctionnement des cliniques d'IVG.

Il en va de même pour le mariage de deux personnes du même sexe, pour la PMA, pour le suicide assisté. Les chrétiens tentent de défendre la morale traditionnelle avec des arguments non-chrétiens : ils savent bien que leur dogmatique ne serait aucunement entendue. Ils arguent de la nature, de la loi naturelle ou de raisons périphériques dont l'importance n'est pas forcément moindre. Il arrive même qu'ils trouvent, ce faisant, des alliés inattendus, comme lorsqu'aujourd'hui des groupes de psychanalystes et psychiatres dénués de convictions religieuses, viennent grossir les rangs des chrétiens dans le combat pour la défense de la paternité. Mais tout cela, sans aucun résultat, jamais. Nos sociétés ne se préoccupent pas de loi naturelle, et pensent largement que ce genre de chose n'existe pas, et que la nature, c'est nous qui l'inventons. Elles soupçonnent, sous les principes traditionnels, des velléités de pouvoir. Quoiqu'il arrive, les vieux principes reculent pas à pas, parfois vite et parfois lentement, mais avec régularité et certitude. Leurs défenseurs chrétiens, quoique nombreux et souvent bien organisés, ressemblent à ce nain harceleur qui parvient tout juste à égratigner les mollets du géant. Ils savent cela, et en général se débattent uniquement pour l'éthique de conviction ou pour le panache, persuadés d'avance de n'avoir pas gain de cause ni d'obtenir la moindre concession. En Europe, Malte est le seul pays qui criminalise encore l'IVG. Dans les autres pays, elle est autorisée avec des nuances concernant l'âge du fœtus, et la Pologne et l'Irlande la soumettent à des conditions fermes. Les pays qui résistent à une libération totale sont montrés du doigt par les autres, traités en attardés, comme s'il y avait une obligation de bon ton, de bonne conduite, de raison et d'intelligence, à effacer les anciennes mœurs. Ce sont les États-Unis qui représentent la principale et peut-être l'unique poche de résistance à l'IVG, au nom des principes chrétiens. Dans certains États américains, un combat permanent se livre entre les pro- et les anti-, exhibant l'énergie de la morale ancienne qui refuse de s'éteindre. L'ampleur de ce débat, qui n'existe dans aucun autre pays occidental, manifeste la vigueur encore tenace de l'esprit religieux en un pays où les institutions démocratiques se sont instaurées dans le respect des croyances traditionnelles : pays biblico-révolutionnaire. Pourtant, on constate que les courants qui défendent la morale ancienne, quoiqu'électoralement nombreux, trouvent difficilement des représentants ou plutôt ne trouvent guère que des représentants extrémistes, à l'image de Donald Trump. Le destin d'un courant condamné par l'histoire, est de s'extrémiser de plus en plus, de perdre ses défenseurs les plus compétents, et finalement, par une sorte de funeste processus, de finir par ressembler à la description de ses adversaires.

Car quelles que soient les péripéties, l'essentiel est ceci : l'évolution se fait presque toujours dans le sens d'une liberté individuelle de plus en plus grande. La finalité est claire : pouvoir permettre à chacun tout le possible technologique. Et si jamais on a la volonté de poser des limites au développement technique appelé par le désir individuel, on ne doit pas avancer comme argument l'éthique de l'ancien monde, mais uniquement l'éthique du nouveau. Par exemple, concernant la GPA, on récusera les arguments chrétiens de filiation et de dignité, mais on mettra en avant les arguments féministes – qui expliquent seuls que la GPA ne soit pas encore autorisée en France, même s'il est probable que cela ne saurait tarder.

Comment expliquer la récusation presque soudaine de la pédophilie et de l'inceste et les portes ouvertes sans limites à l'IVG, la PMA… ? L'humanitarisme, morale contemporaine, est une morale entièrement tournée vers le bien-être de l'individu, sans aucune vision anthropologique. Ce qui compte, c'est le désir et le bien-être à l'instant même. On récuse donc la pédophilie qui nuit à l'enfant, mais pas l'IVG, qui ne s'attaque qu'à un être inconscient et surtout au bénéfice d'une victime caractérisée, la femme enceinte. En vue du bien-être de l'individu, nous légaliserons sans doute l'euthanasie. Mais nous légaliserons aussi la GPA, parce qu'elle répond au désir individuel d'avoir un enfant – et pour la mère porteuse, le consentement suffit (l'affaire du consentement n'est pourtant pas claire : on honnit les sectes parce qu'on considère que le consentement y est vicié : il s'agit bien d'une variable d'ajustement utilisée dans les cas qui nous arrangent).

L'inversion normative que nous voyons à l'œuvre ici, à travers cette évolution tranquille et décisive qui franchit le XIXe et le XXe siècle, représente presque exactement le contraire de ce qui se passa au IVe siècle. Et pour ainsi dire, l'inversion de l'inversion. On rétablit le divorce que la Chrétienté avait aboli. On permet l'infanticide que les chrétiens avaient interdit – même si on peut toujours débattre sur le statut de « personne » ou non de l'embryon, il faudrait être bien idéologue pour ne pas admettre qu'un IMG est un infanticide. On pare de légitimité l'homosexualité ou le suicide, que l'Église naissante avait criminalisés. Cette double inversion nous ramène au paganisme d'avant la Chrétienté. On peut même ajouter que l'inversion présente cherche à revenir à un passé plus ancien encore, quand par exemple elle prône la polygamie[1].

1. Campagne du Planning Familial adressé au jeune public, 2021 : « En amour, il y a plein de possibilités ! Qu'on soit enfant ou adulte, il est possible de changer souvent d'amoureux.ses, ou d'avoir plusieurs amoureux.ses en même temps. Être en couple, relation composée de deux personnes, est un modèle mais pas le seul. » Le Planning familial explique

Le cri de Plutarque : « Le grand Pan est mort » pouvait anticiper la fin du paganisme – c'est du moins ainsi que les chrétiens d'alors l'avaient interprété, à leur avantage. Pan, ou Priape, est le Dieu du sexe et de la violence. Le temps présent raconte le retour du grand Pan – la boucle est bouclée.

La croyance comme fondement des mœurs

Dans l'antiquité du IVe siècle, les changements éthiques durent avoir lieu sous l'emprise d'une véritable conversion religieuse. Autrement dit, il ne s'agissait pas d'un refus de l'ancien ordre des choses, mais d'une foi nouvelle en des principes nouveaux, que l'historien de l'Antiquité tardive Peter Brown appelle « un progrès spirituel », même si d'autres contestent ou nuancent cette expression[1]. La foi chrétienne s'enracine

ensuite que si le modèle polyamoureux est peu répandu, c'est qu'il n'est pas montré dans les films et les livres. Puis conclut : « Si toutes les personnes sont au courant et qu'elles sont d'accord, ça peut rendre tout le monde très heureux ! Plus de personnes, plus d'amour, c'est aussi plus de bonheur, de câlins… L'important c'est la communication et l'honnêteté. »

1. Voir S. Ratti, *L'Histoire Auguste*, p. 20.

dans nombre de croyances qui sont tantôt des vérités dogmatiques, tantôt des manières de comprendre la vie humaine. On évite le divorce, ou on l'interdit, parce qu'on nourrit une certaine idée de la fidélité en amour et de l'importance de la stabilité familiale. On fustige le suicide parce que l'on conçoit l'être humain comme une créature de Dieu, appelée et rappelée par Lui. On interdit l'IVG parce qu'on voit le fœtus comme un être humain nanti de sa pleine dignité, dont le visage invisible proclame « tu ne tueras pas ». Dans cet exemple comme dans d'autres, le choix moral dépend d'un choix ontologique : la valeur d'un individu peut dépendre de sa valeur intrinsèque, ce qui enclenche le refus de l'IVG ; ou bien elle peut dépendre de la décision sociale, qui enclenche, dans l'Antiquité, la décision du père de supprimer l'enfant ou, aujourd'hui, la décision de la mère de le supprimer. Il n'y a guère de choix moral qui ne s'appuie sur des croyances, même si celles-ci demeurent informulées ou inconscientes.

Ainsi s'explique prioritairement l'inversion normative que nous vivons aujourd'hui – comme l'avait écrit J.-F. Lyotard : « L'homme postmoderne n'y croit plus[1]. » Il ne croit plus aux « grands récits », qu'il s'agisse du christianisme ou du marxisme ou de tout autre récit. Ainsi détaché (certains diront : libéré) de toutes croyances, il n'a plus aucune raison de contraindre sa liberté individuelle ni son désir individuel. Les nouvelles mœurs des « lois sociétales » ne proviennent pas d'une licence, d'une anarchie, ni même strictement de l'individualisme : mais du fait que « l'homme postmoderne n'y croit plus ». Et on ne voit pas pourquoi il faudrait s'imposer des lois morales exigeantes si on ne croit plus ni à la fidélité, ni à la stabilité familiale, ni au statut de personne de l'embryon, etc. etc.

Mais il y a un autre facteur décisif, qui différencie la rupture que nous vivons de celles connues auparavant et spécialement de celle de l'Antiquité tardive. Les Romains du IVe siècle chérissaient leur culture et la défendaient, comme nous en avons la preuve par les écrits de ce temps. La culture « païenne » n'allait pas s'effondrer par négligence ou désaffection de ses adeptes,

1. J.-F. LYOTARD, *La condition post-moderne*, Paris, Éd. de Minuit, 1979, 4e de couverture.

mais éclipsée par les convictions chrétiennes qui envahissaient tout l'espace. Aujourd'hui, il se produit autre chose : la chute des principes chrétiens est accompagnée, et en partie causée, par une crise de conscience, une mise en cause de soi en forme de procès général. Autrement dit, l'inversion normative est menée sous l'égide de la culpabilité, ce qui la rend violente et pleine d'amertume.

Cette évolution demeure en l'état de question : pourquoi une partie des chrétiens, et dans certains pays la presque totalité, ont-ils commencé à juger les commandements de l'Église inacceptables – alors que ceux-ci avaient été acceptés par toutes les générations précédentes ? Par cette désaffection, la Chrétienté n'est pas seulement mise de côté, déchue de ses droits à prescrire et à proscrire, mais aussi injuriée : ce que traduisent par exemple les « sacres » québécois. Ainsi, ce sont les chrétiens eux-mêmes, en tout cas certains d'entre eux, qui mettent en cause la raideur des commandements ecclésiaux. On trouve certes des personnalités pour se rebeller de la sorte à toutes les époques – personnalités que la hiérarchie isole ou excommunie. Mais à partir du milieu du XXe siècle, l'Église abandonne toute prétention à peser sur la société, et même, elle commence à avoir honte de sa domination séculaire. Que s'est-il passé ? L'esprit révolutionnaire qui a soufflé sur l'Occident à partir du XVIe siècle aux Pays-Bas, enterre l'idée d'un ordre moral et social imposé d'en haut. Ce ne sont pas les principes chrétiens qui se voient peu à peu mis en cause : mais leur prétention à s'imposer, d'abord sur les âmes, puis sur les lois des pays. Après plusieurs siècles de résistance, au XXe siècle, les clercs, dans leur grande majorité, ont cessé de revendiquer et même de regretter l'ordre moral ancien, et ne le défendent plus. Tout se passe comme si, même au sein de l'institution, l'absolue liberté de conscience, autrefois si honnie, était légitimée. Et comme si l'ancien ordre moral dicté par l'Église, autrement dit la Chrétienté, apparaissait dès lors en fantôme du passé, et rien de plus et rien de plus.

On ne peut manquer d'être frappé par la vitesse vertigineuse, et par la force extrême avec laquelle l'inversion normative s'est déployée. Ce phénomène demeure une énigme. L'inversion normative rapide produit des victimes affolées :

le père qui a prodigué comme toujours une éducation autoritaire et se voit maintenant banni pour cela, ou le grand-père incestueux qui avait toujours considéré sa pratique comme une sorte de droit de cuissage, et se voit tout à coup désigné comme un criminel monstrueux.

Le cas des actes pédophiles dans l'Église en est un exemple frappant, quoiqu'un exemple parmi tant d'autres. Ils existaient bien auparavant, tant de choses se chuchotaient dans les familles, on disait à l'enfant d'éviter la proximité avec certain prêtre. C'était l'usage de couvrir ce genre de comportements, afin de ménager l'institution. Et puis il est possible aussi que les enfants n'aient pas été, alors, aussi respectés qu'aujourd'hui. Toujours est-il que, si en tout cas jamais dans l'Église les actes de pédophilie n'ont été considérés comme légitimes, toujours ils étaient couverts, voire excusés – comme on en a vu un échantillon lors des premières émissions après le scandale récent de Lyon. Il est extraordinaire de voir tout à coup accuser de crime des gens qui se voyaient au moment des faits, et selon l'usage, coupables d'un petit écart. Au moment T, c'est un dégât collatéral, dont il ne s'agit pas de faire un plat. Au moment T + 1, c'est-à-dire dix ou vingt années après seulement, c'est un crime passible de prison, dont on discute de la prochaine imprescriptibilité. Tous les catholiques, qui jusqu'alors rigolaient ou pleuraient mais toujours en cachette, s'indignent vaillamment et jettent le coupable à la géhenne. Les clercs ressentent une culpabilité collective affreuse, se couvrent la tête de poussière, et alors qu'auparavant ils avaient toujours nié ou dévalué (ce n'est pas vrai, ou ce n'est pas grave), maintenant ils ostracisent les coupables à grand bruit. Le plus étrange est que les uns et les autres, laïcs et clercs catholiques, se persuadent qu'ils ont toujours condamné ces forfaits mais viennent seulement d'en apprendre l'existence, ce qui est évidemment tout à fait faux. Ainsi, les coupables subissent une loi rétroactive : on les punit pour avoir commis ce qui, alors bénin, est devenu un crime entre-temps. Le cas des supérieurs hiérarchiques de l'Église, accusés d'avoir couvert les crimes de pédophilie, est particulièrement significatif : c'était l'usage de toujours couvrir ce genre de choses ! On les accuse donc de n'avoir pas senti à temps l'arrivée triomphante de la nouvelle morale en vigueur. Tous ceux qui accusent, et la plupart de ceux qui sont accusés, sont rongés par une culpabilité rétroactive qui pourrait se traduire par « nous aurions dû, en ce temps-là, ratifier la morale d'aujourd'hui ». Que signifie cela ? Depuis quand ne peut-on pas admettre les évolutions morales, depuis quand faut-il juger les ancêtres à l'aune de nos critères ? Nous nous imaginons volontiers que l'éthique d'aujourd'hui est parfaite et que toutes les époques doivent être jugées selon ses critères. Que l'Église marche dans cette combine infernale, montre à quel point elle est soumise aux circonstances. Elle a succombé, elle aussi, à la repentance imposée.

Jusqu'à une période toute récente, on peut dire que l'Église demeurait holiste, privilégiant toujours l'institution par rapport à l'individu. C'est bien cela qui l'avait soulevée contre l'individualisme moderne, depuis la Révolution. Les affaires de pédophilie traduisent, pour la première fois, l'abandon du holisme traditionnel : l'individu à présent passe avant l'institution. C'est un bouleversement dogmatique, le signe d'une révolution identitaire au sein même de l'institution.

La lutte sourde qui se livre entre l'ancien et le nouveau se manifeste à travers les précautions sémantiques et les ruses du discours utilisées en permanence. Chaque fois qu'une réforme « sociétale » franchit un grand pas libertaire, ses auteurs et défenseurs jurent que c'est la dernière, et conjurent que la suivante sera toujours impossible. On vote le PACS en assurant que le mariage entre deux personnes de même sexe ne verra jamais le jour. On vote la PMA en protestant la main sur le cœur que la GPA est une horreur. À ce point qu'on a pu décrire les Comités d'éthique comme les antichambres du posthumanisme, des sas par lesquels il faut passer afin de rendre les nouvelles normes acceptables. Autrement dit, et c'est assez compréhensible, pour rayer de la carte l'ancienne morale il faut passer par d'autres docteurs de morale, et non pas se contenter de tout effacer d'un trait de plume. Les Comités d'éthique réfléchissent et tergiversent, pèsent le pour et le contre, mais ils finissent toujours par aller, à petits pas certes et cependant à pas déterminés, vers la possibilité pour chaque individu de tout faire à la mesure de son désir, limité par les seules impossibilités techniques. Il serait incongru de prêter aux

Comités d'éthique je ne sais quel dessein obscur. Non : ils agissent ainsi parce qu'une Chrétienté de seize siècles avait envahi tout l'espace, et dès lors, une fois les principes judéo-chrétiens enfuis, plus rien ne subsiste – sinon le bon vouloir de l'individu tout-puissant.

L'inversion normative avance lentement, mais d'un pas inexorable, vers sa réalisation totale et définitive – la croyance qui fondait les principes ayant disparu, il n'y a aucune raison de conserver les vestiges des anciennes mœurs. Ce que manifeste l'expression « lois sociétales » : le processus de remplacement des paradigmes, qui devra aller jusqu'à une adéquation totale entre les mœurs et les nouvelles croyances.

En comparant les deux inversions normatives à seize siècles d'intervalle, dans un sens puis dans l'autre, nous comprenons que l'émancipation actuelle des mœurs, qui semble menée par une sorte de fatalité, n'a rien en fait d'un mouvement mystérieux – elle répond à une cohérence. Elle n'est en rien la conséquence de je ne sais quel appel de l'avenir, qui nous tirerait vers la liberté – puisqu'au IVe siècle, il s'est produit le mouvement exactement inverse, et tout aussi inéluctable. Elle résulte simplement d'une radicale transformation des croyances. Nous aurions tort d'investir le « progrès » de je ne sais quelle aura mystérieuse. Le « progrès » consiste simplement, à chaque époque, à réconcilier les réalités (les lois, les coutumes, les mœurs), avec les croyances diffuses et parfois encore inexprimées, qui évoluent dans le silence. Où l'on voit la force tranquille du courant porteur de l'avenir, celui qui détient les croyances partagées : au IVe siècle, ce sont les chrétiens qui inventent le « moderne », et les païens qui sont sur la défensive. Pourquoi tel courant est-il investi de l'avenir ? Parce que les cœurs et les esprits aspirent à réaliser ses principes qui ne sont pas encore concrétisés. Au IVe siècle, la foi chrétienne, en pleine croissance, vivait encore en société païenne : un élan presque tangible aspirait aux changements dans le sens de l'Évangile. Aujourd'hui, un paganisme en pleine croissance renâcle à vivre encore sous les principes de la Chrétienté : l'élan social porte vers les réformes dites sociétales. Parce qu'elles ne sont plus portées par des croyances sous-jacentes, les anciennes mœurs sont « liquidées », c'est-à-dire liquéfiées et supprimées, au sens de Z. Baumann[1] ou de F. Rouvillois[2].

Toutes les lois sociétales votées dans l'ensemble des pays occidentaux depuis la fin du XXe siècle, traduisent un changement radical de paradigme, la fin d'un modèle chrétien et son remplacement par autre chose, qu'il faudra définir. C'est véritablement une rupture d'époque, plus importante que celle qui vit le remplacement de la monarchie par la république. C'est l'aboutissement d'un long parcours qui commence au XVIIIe siècle et visait à se défaire de la Chrétienté comme paradigme. Si l'on veut bien entendre par paradigme une architecture de principes, cohérents entre eux, qui gouvernent la morale, les mœurs, les lois d'une civilisation – alors la civilisation occidentale est en train, par la main de la démocratie postmoderne, de passer aujourd'hui d'un paradigme à l'autre. L'inversion des mœurs dessine des sociétés différentes, et le passé, même récent, est devenu un pays étranger. L'ampleur de la métamorphose, qui retourne

1. Z. BAUMANN, *La vie liquide*, Rodez, Le Rouergue, 2006.
2. Fr. ROUVILLOIS, *Liquidation*, Paris, Éd. du Cerf, 2020.

seize siècles de Chrétienté, avait déjà été comprise par Péguy il y a un siècle : « Le monde a moins changé depuis Jésus-Christ qu'il n'a changé depuis trente ans. Il y a eu l'âge antique (et biblique). Il y a eu l'âge chrétien. Il y a l'âge moderne[1]. »

1. C. PÉGUY, *L'Argent*, dans *Œuvres en prose*, t. III, Paris, Gallimard, coll. « Bibliothèque de la Pléiade », 1992, p. 788.

L'INVERSION ONTOLOGIQUE

On l'aura compris, une inversion normative, surtout de cette ampleur, repose sur le socle d'une inversion philosophique. Il vaudrait mieux dire une inversion ontologique, au sens classique de la science des premiers principes[1]. Ce qui est bien naturel : on ne bouleverse pas ainsi la morale tout entière sur un simple caprice – on le fait parce que les soubassements sur lesquels reposait l'ancienne morale, ont été remplacés par d'autres.

Chaque culture ou civilisation pose, à un moment originaire et décisif de son histoire, des choix ontologiques primordiaux sur lesquels tout le reste se construit et s'adosse – la morale et les mœurs, les lois et les usages. Pour la Chrétienté, ce moment décisif a été l'époque

1. R. Spaemann parle d'une « inversion téléologique », lorsque la volonté individuelle se prend elle-même pour fin, négligeant la nature. Il s'agit là de l'une des expressions de l'inversion ontologique.

des premiers conciles, qui établirent les contours des vérités premières sur lesquelles allaient vivre seize siècles de civilisation chrétienne : Dieu, la personne, la morale. Ces conciles, fondateurs du socle philosophique sur lequel tout allait se bâtir, n'étaient pas, ou pas seulement en tout cas, une assemblée séraphique, survolée par l'Esprit Saint. C'était d'abord un cénacle d'évêques bataillant et disputant, usant de violences verbales et physiques[1]. Les choix ontologiques ne tombent jamais du firmament : ce sont des décisions humaines, des engagements contractés ensemble, et qui déterminent la suite des siècles. À ce moment précis, les contractants ont la certitude que ces choix répondent aux exigences profondes de la nature humaine, et chacun de ces choix est vu comme une nécessité primordiale. Pendant les premiers siècles de notre ère, l'empire chinois naissait autour de l'idée selon laquelle « le pouvoir impérial est naturel, conforme aux lois de l'univers[2] ». Toute civilisation est assise sur le prestige et la stature

1. R. MACMULLEN, *Voter pour définir Dieu, trois siècles de conciles 253-553*, Paris, Les Belles Lettres, 2008.

2. J.-F. BILLETER, *Études sur Tchouang-Tseu*, Paris, Allia, 2008, p. 97.

considérable de ses premiers principes, décrétés dans des temps anciens, et qu'elle cherche en permanence à rénover pour pouvoir franchir les siècles. Si les peuples cessent d'y croire, ce peut être une débâcle et un désastre, en tout cas un retournement cataclysmique.

Il arrive un jour où s'effondre la foi dans les premiers principes. En ce qui nous concerne, nous vivons aujourd'hui un point de rupture où les choix ontologiques primordiaux – concernant la signification et la place de l'homme dans l'univers, la nature du monde ou des dieux –, sont renversés.

Je devine que les miens (c'est-à-dire les catholiques traditionalistes), auront tendance à me reprocher ici une forme de relativisme. On ne peut penser qu'en prenant distance. Je veux seulement faire comprendre que toute civilisation, avec ses lois et ses mœurs, s'enracine sur des croyances primordiales. Si ces croyances s'effondrent, les lois et les mœurs vont se perpétuer quelque temps sans plus de justification et par la seule force de l'habitude – mais cela ne durera pas, et elles finiront par s'effondrer aussi sous l'accusation d'illégitimité. Ce qui fonde une civilisation, ce n'est pas la vérité – car toutes y prétendent –, c'est la croyance en une vérité. Et seule cette croyance garantit la durée dans le temps des choix originaires.

Une première inversion ontologique de cette ampleur a eu lieu à l'origine du judaïsme. Moïse fit passer son peuple, au forceps il faut le dire, du polythéisme au monothéisme. On se souvient comment il brisa les idoles et punit les récalcitrants. Apparaît à ce moment, au-dessus des dieux multiples et les niant, un Dieu unique qui réclame une fidélité exclusive – un Dieu jaloux. C'est une révolution, un retournement. Tacite résume les choses ainsi : « Moïse, pour s'assurer la fidélité de cette nation, lui donna des rites nouveaux et opposés à ceux des autres mortels. Là est profane tout ce qui nous est sacré et, par contre, permis tout ce que nous tenons pour abominable[1]. » On voit ici le lien entre l'inversion ontologique et celle normative ou morale. Moïse, quand il opéra ce renversement, se heurta au peuple et dut sévir brutalement. Quand on le voit en face de ces adorateurs du veau d'or,

1. TACITE, *Histoire*, Livre V, IV.

on comprend qu'aujourd'hui, le renversement contraire produise un état d'indignation violente chez une partie de la population. L'égyptologue Jan Assmann décrit la première révolution monothéiste, celle d'Akhenaton à Amarna, comme la prémisse de l'inversion mosaïque. Mais Akhenaton ne réussit pas sa révolution ontologique, après sa mort toute son œuvre est effacée et son nom connaît la *damnatio memoriae*, son hérésie est qualifiée de lèpre[1].

Quel est donc l'enjeu de ces bouleversements, en termes de visions du monde, et en quoi notre époque s'inscrit-elle dans ces processus ?

Fragilité du monothéisme

La révolution mosaïque (et aussi celle d'Akhenaton) a ceci de spécifique et de définitif : elle distingue Dieu du monde. Ou, si l'on préfère, elle établit un monde séparé d'un Dieu désormais unique. Jusqu'alors, les Hébreux étaient cosmothéistes – le divin se trouvait là, dans le

1. J. Assmann, *Le prix du monothéisme*, Paris, Aubier, 2007, p. 79 s.

cosmos tout entier, à travers de nombreux dieux immanents.

Au début du judaïsme, l'inversion avait pour but le remplacement par une autre religion, tandis qu'aujourd'hui elle répond d'abord à un rejet de la religion présente.

Avec le passage du cosmothéisme (ou polythéisme) au monothéisme, l'histoire des religions franchit une étape décisive. Cette étape est décrite par Théo Sundermeier comme la transition des religions primaires aux religions secondaires[1]. Elle est décrite par Karl Jaspers comme la survenue de l'âge axial[2]. La religion primaire traduit une évidence : la grandeur du monde – d'où sa divinisation. La religion secondaire suppose une complication, et même une sophistication : la transcendance, la révélation, l'intériorité du sujet, le monothéisme. Pour Jaspers, des personnages aussi différents que Moïse, Jésus, Socrate, Bouddha ou Confucius, qui se manifestent dans

1. T. SUNDERMEIER, *Religion – was ist das ? Religionswissenschaft im theologischen Kontext. Ein Studienbuch*, 2, erweiterte Auflage, Suhrkamp, Francfort, 2007.

2. K. JASPERS, *Origine et sens de l'histoire*, Paris, Plon, 1954.

l'histoire en des époques proches, traduisent l'advenue d'une deuxième période dans l'histoire des religions. Et de croyances trop complexes pour n'être pas fragiles. Fragiles : autrement dit, susceptibles de s'effacer pour laisser réapparaître les religions primaires. Car une thèse majeure dans l'histoire des religions est celle-ci : alors que les cosmothéismes ou polythéismes sont naturels et évidents, les monothéismes ou religions secondaires ne sont pas naturels. Ils font appel aux notions de révélation, de foi, de sagesse intérieure et, à ce titre, ils sont des constructions et exigent toujours d'être réaffirmés, entretenus par des efforts constants. Tandis que la religion primaire surgit pour ainsi dire toute seule, prolifère sans engrais, et occupe ou réoccupe instantanément la place dès qu'elle est libre. C'est bien ce qui nous arrive aujourd'hui.

Le cosmothéisme n'a jamais disparu de la scène dans les sociétés occidentales façonnées par le monothéisme. De nombreuses figures ou auteurs s'en inspirent à des degrés divers : l'alchimie, la cabale, Spinoza, la franc-maçonnerie, Lessing, le romantisme allemand, Goethe, Freud, le nazisme, le New Age… Nous pouvons être sûrs que le cosmothéisme demeure là, endormi et toujours renaissant dès que la religion secondaire qui l'a remplacé donne des signes de faiblesse. Dans sa célèbre conférence de 1917, « Le métier et la vocation de savant », Max Weber avait décrit comment le monothéisme a détrôné le polythéisme au nom de la raison universelle. Et comment le polythéisme demeure, évincé mais tapi, attendant sa revanche. Et comment finalement à notre époque « la multitude des dieux antiques sortent de leurs tombes, sous la forme de puissances impersonnelles parce que désenchantées, et ils s'efforcent à nouveau de faire retomber notre vie en leur pouvoir tout en reprenant leurs luttes éternelles[1] ». Il semble bien que les religions secondaires, complexes et fragiles, portent intérieurement et sans doute inconsciemment le paganisme qu'elles ont récusé, comme une sorte de ressource ultime et rassurante. Pour Weber, il est clair – et il écrit au début du XXe siècle – que le christianisme est le pays du passé, pendant que les polythéismes, anciens et futurs, triomphants ou écrasés, représentent

1. M. WEBER, *Le savant et le politique*, Paris, Plon, 1959, p. 85.

une sorte de toile de fond à laquelle, quoiqu'il arrive, on revient toujours. Ce que nous appelons en Occident la Renaissance est un moment pendant lequel les élites chrétiennes, saisies par le doute, commencent à retourner aux philosophies d'Épicure et de Lucrèce pour combler le vide. Aujourd'hui, rien n'est plus proche de la pensée postmoderne que la pensée d'Épicure.

Les chrétiens ont longtemps cru, et beaucoup d'entre eux le croient encore, qu'ils ne pourraient être remplacés que par l'athéisme, le nihilisme ou les deux à la fois. Autrement dit, par des formes négatives qui sèmeraient le noir et la tempête. Ce qui est une manière de se croire irremplaçable. Mais Péguy écrivait dans *Dialogue de l'histoire et de l'âme charnelle* :

> Qu'il y ait eu tant de peuples et tant d'âmes où le christianisme n'ait pas mordu, n'ait pas atteint ; tant de peuples et tant d'âmes qui aient vécu abandonnées, *et qui ne s'en soient*, qui ne s'en sont *pas trouvés plus mal*, mon ami, là, exactement là, malheureusement là est le secret, le creux du mystère[1].

1. C. Péguy, *Dialogue de l'histoire et de l'âme charnelle*, dans *Œuvres en proses*, t. III, p. 703 C'est l'auteur qui souligne.

Croire ou faire croire que si le christianisme s'effondre, tout s'effondre avec lui : c'est une ânerie. Certains courants catholiques radicaux font usage de ce type d'argument, qui ne peut que les affaiblir encore. Cessons de nous croire seuls au monde à pouvoir donner du sens au monde. Le règne chrétien est déjà remplacé – ni par le néant ni par la tempête, mais par des formes historiques bien connues, plus primitives et plus rustiques. Derrière la chrétienté effondrée ne vient pas le règne du crime, le nihilisme, le matérialisme extrême : mais plutôt des morales stoïciennes, le paganisme, des spiritualités de type asiatique.

Retour du panthéisme

Alors qu'après la saison révolutionnaire leur religion immémoriale s'enfuit et se dérobe, alors que leur foi vacille, les Européens ne se satisfont pas du culte de l'Être Suprême. Ils ne deviennent pas non plus athées, solution bien improbable et réservée à quelques esprits forts. On n'empêchera pas les humains de chercher à donner un sens à leur vie et à leur mort.

La désaffection du monothéisme judéo-chrétien entraîne de nouvelles appétences pour les religions orientales.

L'ampleur de la « Querelle du panthéisme », au début du XIXe siècle, traduit déjà les interrogations douloureuses qui se posèrent à propos de l'abandon par les Lumières de la religion traditionnelle. Allait-on tomber dans le nihilisme ? C'est dans la fameuse lettre à Fichte que Jacobi emploie ce terme pour la première fois[1]. Jacobi tire les conséquences du rationalisme des Lumières et montre (démontre ?) qu'il aboutit à l'athéisme, c'est-à-dire au panthéisme. Spinoza représente alors à la fois le bouc émissaire et une sorte de mascotte. Il est en tout cas la prémisse de ce qui nous advient aujourd'hui.

Si le rationalisme des Lumières est dangereux et assèche tout, comme le dit Jacobi, ce n'est pas exactement parce qu'il s'écarte de tout esprit religieux, de ce « salto mortale » ou saut dans l'inconnu qui fait la beauté du choix de Dieu. Non : si le rationalisme des Lumières est dangereux, c'est qu'il récuse en même temps la foi

1. JACOBI, *Lettre sur le nihilisme*, Paris, Flammarion, 2009.

religieuse et les traditions et préjugés anciens sur lesquels une société se fonde. Bien des peuples n'ont pas besoin de Dieu pour vivre, prospérer et bien faire. Leurs mœurs, leur éthique s'adossent à des coutumes, à des traditions, même à des préjugés qui portent leurs convictions morales. Le rationalisme des Lumières efface tout simultanément, les traditions et la foi. Il ne laisse qu'un terrain sec et vierge, où l'herbe ne repousse plus. Ainsi vont se développer les courants romantiques, notamment allemands, prêts à retrouver les récits et les mythes puisque la foi s'en est allée. C'est par refus de la rationalité des Lumières que l'Allemagne postrévolutionnaire est attirée par les pensées asiatiques. Heine écrit « le panthéisme est la religion cachée de l'Allemagne ».

Le panthéisme asiatique fascine au XIXe siècle les esprits fatigués par la raison sèche, et Schopenhauer se disait persuadé que la sagesse indienne était l'avenir de l'Europe :

> Nos religions ne prennent ni ne prendront racine dans l'Inde ; la sagesse primitive de la race humaine ne se laissera pas détourner de son cours pour une aventure arrivée en Galilée. Non, mais la sagesse

indienne refluera encore sur l'Europe, et transformera de fond en comble notre savoir et notre pensée[1].

À l'époque contemporaine et depuis le XXe siècle, l'influence des pensées asiatiques est décisive chez les Occidentaux. On se souvient que Lévi-Strauss, à propos du respect bouddhiste pour tous les êtres vivants, en appelait à l'exemple : « À cet égard, l'Extrême-Orient bouddhiste reste dépositaire de préceptes dont on souhaiterait que l'humanité dans son ensemble continue ou apprenne à s'inspirer[2]. » Philippe Descola, au début de *Nature et Culture*, appelle à sortir du dualisme et à « mettre en chantier une anthropologie moniste[3] ». Les exemples convergents sont innombrables. Tout indique une emprise de l'Asie sur le Vieux Continent, où se créent des centres bouddhistes. Certes, la désaffection du catholicisme, après presque deux millénaires de règne, provoque une vacance insupportable qui cherche à être comblée par

1. A. SCHOPENHAUER, *Le monde comme volonté et représentation*, IV, 63.
2. C. LÉVY-STRAUSS, conférence « Race et culture », 1971, version électronique.
3. Ph. DESCOLA, *Par de-là nature et culture*, Paris, Gallimard, 2005, p. 14.

de nouvelles croyances – c'est humain. Mais plus encore : les offres religieuses asiatiques correspondent aux aspirations contemporaines. Elles ne sont pas attachées à la notion de vérité, d'où leur syncrétisme qui apparaît faussement aux Occidentaux comme de la tolérance. Elles attachent une valeur essentielle à la nature et à tous les vivants, ce qui est une condition d'adhésion pour l'écologie incontournable. Elles ne brandissent aucun dieu, aucun dogme, aucune obligation. Le fidèle entre là pour prendre ce qu'il veut et laisser le reste. L'effort pour éliminer la souffrance ressemble bien à des séances de développement personnel, et c'est bien cela que nos contemporains viennent chercher dans les religions plébiscitées après la fin de la Chrétienté. Il y a certes une contradiction entre l'impermanence du moi et le développement personnel, mais les nouveaux adeptes ne cherchent pas si loin, ils quêtent une pratique davantage qu'une théorie.

À cet égard, les deux prophètes principaux de notre temps sont Tocqueville et Nietzsche, mais les prophéties sont innombrables.

Dans un très bref chapitre de *La démocratie en Amérique*, Tocqueville constate le succès du panthéisme en Occident à son époque, et affirme qu'il ne s'agit pas là d'une mode passagère, mais d'un processus durable. En effet, le panthéisme répond aux exigences générales du moment, et principalement à l'exigence maîtresse de l'époque démocratique : l'égalitarisme. Le panthéisme dans le domaine religieux, la démocratie dans le domaine politique, considèrent l'un et l'autre l'humanité comme une grande masse dont les individus sont des atomes égaux et faibles. Il n'y existe plus de grandes personnalités. Tocqueville écrit ce texte terrible :

> Un pareil système [le panthéisme], quoiqu'il détruise l'individualité humaine ou plutôt parce qu'il la détruit, aura des charmes secrets pour les hommes qui vivent dans la démocratie[1].

Bergson analysait deux types de morales, la plus évoluée – la morale ouverte –, s'établissant à partir de personnalités héroïques servant de modèles. Morale la plus évoluée car « la

1. A. DE TOCQUEVILLE, *La démocratie en Amérique*, II, VI.

vérité est qu'il faut passer ici par l'héroïsme pour arriver à l'amour[1] ». Le modèle peut être Jésus ou Bouddha, dans ce que l'on va appeler aujourd'hui les religions secondaires. Si l'on reprend les catégories bergsoniennes, l'appel du panthéisme aujourd'hui est un retour aux morales closes, sans héros, pour lesquelles tous sont égaux et suivent la loi du monde.

Nietzsche avait pressenti la même évolution quand il écrivait : « Chine européenne, avec une douce croyance bouddhiste-chrétienne, et dans la pratique, un savoir-vivre épicurien[2]. »

L'attrait pour les religions panthéistes ou cosmothéistes se déploie dès le moindre recul de la religion monothéiste. Nous savons que la nature a horreur du vide.

Écologie comme religion commune

La mise en cause de la rationalité des Lumières a été si loin qu'elle a produit non seulement la

1. H. BERGSON, *Les deux sources de la morale*, Paris, PUF, 1932, p. 51.
2. Fr. NIETZSCHE, *Fragments posthumes 1887-1888*, dans *Œuvres complètes*, Gallimard, 1986, p. 86.

défense de la culture historique et coutumière (expression du romantisme du XIXe siècle), mais plus loin, la valorisation jusqu'aux extrêmes de la vie naturelle. La valorisation de la simple vie, de celle qui ne réfléchit ni ne pense. C'est pour ainsi dire la victoire de la volonté sur l'intelligence, des forces actives et inconscientes sur les forces pensantes. On voit ce courant se développer au tournant du XIXe et XXe du siècle. Il hérite en partie de Nietzsche. À la suite d'un long et chaotique parcours, il donnera notamment naissance au nazisme. C'est pourquoi Ludwig Klages, peut-être le meilleur analyste et inspirateur du vitalisme, fut injustement marginalisé comme inspirateur du nazisme. Philosophe de la nature, disparu au milieu du XXe siècle, il est probablement l'un des principaux pères de l'écologie contemporaine, avec Ivan Illich qui d'ailleurs fut un de ses admirateurs. Klages restitue à l'âme son sens antique : celle-ci traduit chez lui non plus une instance immortelle, comme chez les chrétiens, mais un principe vital, comme chez les anciens Romains. Et il décrit l'histoire comme un combat entre l'esprit – la rationalité –, et l'âme, le principe vital. On aura compris que Klages regrette la part trop importante prise par l'esprit, par la raison, dans la civilisation chrétienne, et aspire à donner davantage de place à l'âme, entendue dans ce sens. Toute l'œuvre de Klages est un hommage à la vie naturelle, un éloge de la passivité contre l'activité, de l'être féminin contre l'être masculin, du dedans contre le dehors, de la nature contre la culture, de la réalité contre l'aspiration à l'éternité. Il oppose, par exemple, le *rythme* des choses naturelles (les saisons, les cycles biologiques…) et la *mesure* dictée par l'esprit humain. Le rythme est naturel, et la mesure, construite. Le rythme renouvelle, la mesure reproduit. On le voit ici : la terre elle-même a une âme, ce sont ses rythmes battant au cœur toujours neuf de la nature.

La pensée de Klages représente une vaste mise en cause de l'activisme occidental : je suis pris et saisi par la vie, tandis que par l'esprit j'agis dans le but de dominer le monde. L'esprit européen, dominateur et scientifique, c'est « une attaque épouvantable contre la réalité[1] », qui exterminera la vie sur la planète.

1. L. KLAGUES, *La nature du rythme*, Paris, L'Harmattan 2004, p. 139.

Cette apologie de l'élan vital et de l'éternel naturel, constitue un fondement de la philosophie écologiste. Il faudrait nous laisser aller dans le mouvement de la nature, qui suffit à tout : l'esprit demeure, quel que soit son brio, sec et brutalement activiste, tandis que l'âme du monde produit du toujours-neuf dans la retenue et la simplicité.

En ce début du XXIe siècle, le courant philosophique le plus établi, le plus prometteur, est une forme de cosmothéisme lié à la défense de la nature. On peut parler aussi de panthéisme ou de polythéisme[1]. Nos contemporains occidentaux ne croient plus à un au-delà ni à une transcendance. Et s'ils imaginent un autre monde où vivre un jour, ce sont les planètes lointaines où l'on accéderait en fusée supersonique. La signification de la vie doit donc se trouver dans cette vie elle-même, et non au-dessus d'elle, où il n'y a rien. Le sacré se trouve ici : dans les paysages, dans la vie de la terre et chez les humains eux-mêmes. Au tournant du XXe et du XXIe siècle, nous avons changé de paradigme en faisant un nouveau

1. Par exemple M. TARRIER, auteur de *Les orphelins de Gaïa* (2012), fait l'apologie du panthéisme et du polythéisme, voir le site Agora Vox mercredi 4 janvier 2012.

choix de compréhension du monde. Il s'est produit une inversion ontologique. C'est bien de cela que parle Philippe Descola[1] : de préférences ontologiques nouvelles et de l'apparition en Occident de nouveaux paradigmes – une « anthropologie moniste », qui se rapproche de l'animisme ancien. Et il insiste pour dire que la vision du monde de la chrétienté était une parmi d'autre, un choix ontologique particulier qui peut ne plus convenir avec le changement des temps. Pour l'écologisme d'aujourd'hui, il n'y a plus de séparation essentielle entre l'homme et les autres vivants, ni entre l'homme et la nature entière, qu'il habite simplement, sans la dominer d'une quelconque supériorité.

Le paganisme, cosmique, répond aux préoccupations de l'écologie. Le moment postmoderne est préoccupé de l'espace plus que du temps, parce qu'il a abandonné les grandes espérances temporelles.

Sous le cosmothéisme, l'homme se sent chez lui dans le monde, qui représente la seule réalité et qui contient à la fois le sacré et le profane. Sous

1. Ph. DESCOLA, *Par-delà nature et culture*.

le monothéisme, l'homme se sent étranger dans ce monde immanent et aspire à l'autre monde – c'est bien par exemple ce que Nietzsche reprochait aux chrétiens. Pour le monothéiste, ce monde n'est qu'un séjour. Pour le cosmothéiste, il est une demeure. L'esprit postmoderne est fatigué de vivre dans un séjour ! Il lui faut une demeure bien à lui, entière dans ses significations. Il redevient cosmothéiste parce qu'il veut réintégrer ce monde comme citoyen à part entière, et non plus comme cet « étranger domicilié », ce chrétien décrit par l'anonyme de la *Lettre à Diognète*[1]. Il veut à présent se trouver à son aise dans le monde immanent dont il fait partie intégrante, sans avoir besoin de rêver ou de tisser ou d'espérer un autre monde, qui le laisse séparé de lui-même. Il veut vivre dans un monde autosuffisant qui contienne son sens en lui-même – autrement dit : un monde enchanté, dont l'enchantement se trouve à l'intérieur et non dans un au-delà angoissant et hypothétique.

1. « Ils résident chacun dans sa propre patrie, mais comme des étrangers domiciliés. Ils s'acquittent de tous leurs devoirs de citoyens, et supportent toutes les charges comme des étrangers. Toute terre étrangère leur est une patrie et toute patrie une terre étrangère », V, 5.

L'homme postmoderne veut abolir les distinctions – son adjectif favori est « inclusif ». Et le cosmothéisme lui convient parce qu'il efface l'ancien dualisme caractéristique du judéo-christianisme. Il exige d'échapper aux contradictions entre le faux et le vrai, entre Dieu et le monde, entre la foi et la raison… Au lieu d'exiler Dieu hors du monde, il le rappelle ici et se réapproprie le sacré. Pour Odo Marquard, philosophe allemand contemporain marqué par le sinistre XXe siècle, l'essoufflement du monothéisme ouvre une chance au polythéisme de revenir au-devant de la scène, à travers le retour des mythes pluriels[1]. Ici le retour au polythéisme est décrit comme un affranchissement de la vérité exclusive, une liberté entière donnée au règne des récits, et la fin de l'eschatologie du salut.

Ainsi, le cosmothéisme s'inscrirait au terme actuel de ce processus historique : il y aurait eu le règne de Dieu, puis le règne de l'homme, enfin le règne de la nature. Sinon que ce terme est en même temps un retour à l'origine : car avant le règne de Dieu, il y a eu, déjà, le règne

1. O. MARQUARD, « Éloge du polythéisme », Centre Sèvres, *Archives de Philosophie*, 2017/3.

de la nature. Évidemment, nous ne serons pas animistes de la même manière que nos lointains ancêtres, parce que notre histoire n'est pas la leur. Mais il nous faut faire au moins l'effort de ce qu'Alain Caillé appelle « l'animisme méthodologique[1] » : ici encore, la finalité négative est mise en avant, le but est de se débarrasser de l'*hubris* occidentale, et pour cela il faut se défaire de la supériorité de l'homme.

L'écologie aujourd'hui est une religion, une croyance. « Croyance » : non que le problème écologique actuel ne doive pas être considéré comme scientifiquement démontré ; mais parce que ces certitudes scientifiques concernant le climat et l'écologie produisent des convictions et des certitudes irrationnelles, en réalité des croyances religieuses, nanties de toutes les manifestations de la religion. Aujourd'hui, l'écologie est devenue une liturgie : il est impossible d'omettre la question, d'une manière ou d'une autre, dans n'importe quel discours ou fragment de discours. C'est un catéchisme : on l'apprend aux enfants dès la

1. A. Caillé, *Extension du domaine du don*, Arles, Actes Sud, 2019, p. 152.

Maternelle et de façon répétitive, pour leur faire acquérir les bonnes habitudes de penser et d'agir. C'est un dogme consensuel – celui qui pose des questions à son sujet, qui lève le moindre doute, est considéré comme un fou ou un malfaisant. Mais surtout, et c'est là le signe patent d'une croyance vigoureuse et certainement pas d'une science rationnelle : la passion pour la nature fait accepter tout ce qui était récusé par l'individualisme tout-puissant – la responsabilité personnelle, la dette imposée envers les descendants, les devoirs envers la communauté. C'est donc au nom de cette religion immanente et païenne, que nous réintégrons toutes les dimensions indispensables de l'existence, qui auparavant étaient prises en compte et cultivées par le christianisme.

Au-delà de la nécessaire protection de l'environnement trop longtemps négligé par l'âge industriel, la pensée écologique développe une véritable philosophie de la vie. Elle ne demeure pas au niveau de la défense de l'environnement. Il y a une raison bien précise à cela. Nous avons toute une tradition chrétienne de défense de la nature, depuis saint François ou sainte Hildegarde de Bingen jusqu'à, de nos jours,

Gustave Thibon. Dans ce cas, la nature est considérée comme une création divine et protégée à ce titre – la défense de la nature s'inscrit dans la foi en la transcendance et dans un humanisme qui place l'homme au centre. On parle alors d'environnement, et la nature ne saurait être divinisée, puisque le divin est ailleurs. Alors que la Chrétienté s'est effacée, et la transcendance avec elle, il est inévitable que du sacré resurgisse sous une forme ou sous une autre. Il faut rappeler que la sacralisation de la nature constitue le socle religieux le plus primitif et le plus rudimentaire, celui qui vient pour ainsi dire tout seul, et dans n'importe quelle société humaine. Alors même que la défense de l'environnement s'établit comme un pressant et évident devoir, la nature se voit alors sacralisée – c'est-à-dire mise de côté, établie au-dessus, rendue inviolable. La nouvelle religion écologique est une forme de panthéisme postmoderne. La nature devient l'objet d'un culte, plus ou moins avéré. La terre-mère devient une sorte de déesse païenne, et pas seulement chez les indigénistes boliviens, chez les Européens aussi. À ce point que le pape François parle aujourd'hui de « notre mère la terre », dans un sens chrétien bien entendu, mais en laissant ouverte l'équivoque qui permet le lien avec les croyances contemporaines. Nos contemporains défendent sous toutes ses formes la nature dénaturée par l'homme, mais aussi ils embrassent les arbres. Nous sommes à un stade où, dans le vaste champ ouvert par l'effacement du christianisme, de nouvelles croyances hésitent et tremblent : et surtout, le panthéisme qui traduit la défense de l'environnement en religion.

Les chrétiens d'aujourd'hui, affolés devant la chute de leur influence, ont tendance à prétendre que toute morale va disparaître avec l'effacement du monothéisme. C'est méconnaître l'histoire. Les morales et les religions ne naissent pas de pair, et ce ne sont pas les religions qui engendrent les morales, jusqu'au judéo-christianisme. Dans les mondes anciens, polythéistes, la morale vient de la société et elle a une origine tout humaine : issue des coutumes, des traditions. La religion est d'un autre ordre. Les dieux réclament des sacrifices et suscitent des rites. Les normes morales réclament obéissance. Chez les peuples polythéistes, c'est l'État qui est gardien de la morale. Incroyable, et nouveau, le spectacle de Moïse descendant de la montagne avec les tables de la Loi : ici pour la première fois, la morale vient de Dieu[1]. Les Juifs vont ainsi créer des théocraties, encore aujourd'hui en Israël. Chez les chrétiens, soumis à l'impératif de la séparation des glaives, l'Église, dès le IVe siècle, devient l'inspiratrice de la norme, et gardienne de la morale.

Au tournant du XXIe siècle, l'Église abandonne son rôle de gardien des normes morales et ce dernier revient désormais à l'État. La multiplicité des croyances morales et religieuses qui habitent nos pays – bien visibles à travers la diversité représentée dans les Comités d'éthique – conduit nécessairement à amplifier le rôle du pouvoir politique. Celui-ci, représenté par ses élites aussi bien sachantes qu'agissantes, redevient le gardien de la morale qu'il était avant la longue période de Chrétienté.

Les Occidentaux ne veulent plus que cette tutelle soit assurée par les religions, par les clercs. Ils préfèrent cette instance neutre qu'est l'État, les élites institutionnelles ou d'influence. C'est pourquoi aujourd'hui, le courant dominant officiel s'adjuge le droit de protéger la morale

1. J. ASSMANN, *Le prix du monothéisme*, p. 84 s.

et d'en empêcher les écarts, d'ostraciser les déviants. Les animateurs de plateaux de télévision sont les sentinelles et parfois les cerbères de la morale commune. Pas forcément les producteurs, car la morale vient de nombre de sources, mais les sentinelles, ceux qui en surveillent l'exécution. Ils ont revêtu le rôle que jouaient les évêques il y a encore un demi-siècle.

Les Occidentaux d'aujourd'hui qui rejoignent des spiritualités ou des religions orientales comme le bouddhisme, n'adoptent pas leurs morales mais seulement leur spiritualité (qu'ils identifient souvent au développement personnel). Leur morale vient de l'État, comme chez les anciens païens, dont les dieux exigeaient des rites et des sacrifices, mais dont seul l'État exigeait la justice. La religion de l'écologie exige elle aussi des rites et des sacrifices – tri des déchets, surveillance carbone et souci de la terre, dont nos informations sont saturées. Mais nos élites, gouvernantes ou influentes, disent la morale, suscitent des lois correspondantes et ostracisent les mauvais sujets.

D'où provient et comment se forme la morale dans les temps post-Chrétienté ?

VERS LES SAGESSES
ET LA MORALE D'ÉTAT

Le processus d'inversion normative, et ce n'est pas la moindre des incohérences, en ce moment transitoire cohabite avec son contraire. La nouvelle morale contemporaine, ou postmoderne, reprend l'ancienne et l'aménage, voire la déguise ou la trafique. Certains défenseurs de l'ancien monde dénoncent une forme de parasitisme. Déjà Péguy, au tout début du XXe siècle, s'insurgeait contre un monde moderne avide de s'approprier les formes du monde chrétien tout en les déformant. Parlant de Renan, il décrivait ironiquement un clerc qui défroque et qui, en s'en allant, emporte les meubles[1]. Charognard nourri des cadavres de ceux qu'il a tués, « le monde moderne […] ne tire sa force, ou son apparence de force, que des régimes qu'il combat, des mondes qu'il a entrepris de

1. C. PÉGUY, *De la situation faite au parti intellectuel dans le monde moderne*, Dans *Œuvres en prose*, III, p. 1044.

désintégrer[1] ». À maintes reprises au long de son œuvre, Péguy décrit « le monde moderne », ou le monde qui succède à la Chrétienté agonisante, nourri par « les humanités passées, qu'il méprise et feint d'ignorer », si bien que « la seule fidélité du monde moderne, c'est la fidélité du parasitisme[2] ».

Parasitisme ou palimpseste

L'accusation de parasitisme, décrivant des principes chrétiens à la fois exterminés et récupérés, court tout au long du XXe siècle. Mais elle ne traduit pas, ou pas seulement, le constat d'un rapt ou d'une fourberie. Il y a plus grave : les modernes se rendent compte que leur monde est assis sur des principes dont ils ont en quelque sorte l'usage inconscient, dont ils ont l'usage sans plus en avoir la connaissance, la maîtrise, la conviction. Signe d'une fragilité intrinsèque. Nous vivons dans un monde fondé sur des restes, des scories dont nous avons perdu la légitimité.

1. Id., *Note conjointe sur M. Descartes*, *ibid.*, p. 1436.
2. Id., *De la situation faite au parti intellectuel dans le monde moderne*, *ibid.*, p. 1163.

Le libéralisme, âgé de seulement deux siècles, ne vit que grâce à des principes moraux qui le précèdent et qu'il n'aurait pas su inventer : le respect des contrats par exemple. L'homogénéité de la société libérale repose sur la structure morale héritée des périodes illibérales. C'est ce que les Allemands appellent le « paradoxe » de Böckenförde. Ce professeur de Droit constitutionnel, travaillant sur les relations entre le politique et le religieux avait eu cette formule qui fit fortune : « L'État libéral sécularisé vit de présupposés qu'il n'est pas lui-même en mesure de garantir. » Quand l'État moderne naît en s'affranchissant du religieux, il ne peut le faire qu'en s'appuyant sur l'héritage religieux. Doit-on en conclure qu'il s'agit là d'un État parasite, voleur et hypocrite, et par là dramatiquement immoral ? Doit-on en conclure pour cela que ses jours sont chichement comptés ? Il est très difficile de répondre à ces deux questions, et le fait même de les poser donne le ton des dilemmes dans lesquels nous nous trouvons, en relation directe avec la fin de la Chrétienté.

Charles Péguy était révolté contre cette immoralité du moderne qui consiste à se conduire comme un coucou, pondant ses œufs dans le nid des autres et sans vergogne. Il considérait le moderne comme ingrat et infidèle : ingrat parce qu'il refusait de reconnaître l'héritage indispensable de ses prédécesseurs, et infidèle parce qu'il dégradait et déshonorait cet héritage désavoué. D'où le terme de parasitisme. Je ne vois pas les choses de cette façon. Car ce que l'on peut appeler en effet du parasitisme, représente la manière habituelle de se perpétuer pour les sociétés humaines. Le temps de l'histoire laisse se superposer des strates différentes et parfois même contraires, la féodalité laisse place à la société bourgeoise et la démocratie remplace la monarchie. Cependant aucune de ces époques ne constitue un bloc compact, partant de rien et finalement s'évanouissant dans le néant. Rien ne commence *ex nihilo*, et chaque nouvelle époque, nouveau courant, nouvelle pensée, emprunte aux précédents et se déploie avec eux et contre eux à la fois. Les emprunts contractés alors ne sont pas toujours reconnus, voire sont souvent niés – la pâte humaine a ses prétentions ! On peut même parler d'une volonté de reprendre l'ancien en dénaturant son sens. Il s'agit de vraiment utiliser tous les matériaux possibles mais de les priver de leurs significations pour réinventer celles-ci au profit de la nouvelle époque. Un exemple évident est celui du réemploi des mots. Les mots lourds de sens, sont repris et déviés. L'époque contemporaine aurait pu, par exemple, proposer un nouveau vocable pour désigner l'union de deux personnes de même sexe, mais elle utilise volontairement le terme « mariage » pour en désavouer le sens. Le suicide assisté pourrait être légitimé (comme il l'est en Suisse et bientôt en France) et remis à la responsabilité d'un personnel à la dénomination spécifique : le fait que l'on veuille confier cette tâche à des médecins, falsifie la signification de la médecine elle-même (il en va de même pour l'IVG). Au fond, ce qui contribue le plus à détruire la civilisation précédente, c'est moins la légitimation de certains comportements que la dénaturation des vocables anciens visant consciemment à transformer la signification du monde.

Ce qui s'est produit au IVe siècle de notre ère avec le succès fulgurant du christianisme, lorsque les chrétiens se sont installés dans les temples païens en les rebaptisant, ce n'était pas du parasitisme. Mais du réemploi sagace. Car les sociétés humaines vivent de coutumes, les coutumes habitent toutes les croyances et elles ne relèvent que du temps long. Le théologien Théo Sundermeier affirmait que les religions secondaires ne peuvent se déployer qu'en s'appropriant les expériences et préceptes moraux des religions primaires, et que cette inculturation originelle se produit et laisse sa marque à chaque changement d'époque[1]. Jan Assmann, tout en reprenant les textes de Maïmonide, parlait de palimpseste : « Une religion nouvelle écrit sur l'autre comme sur un palimpseste[2]. » L'image du palimpseste me paraît plus juste que celle du parasite.

De la même façon que la Chrétienté naissante investissait les temples païens en les christianisant[3], de la même façon la modernité vient habiter la morale et l'anthropologie d'origine chrétienne, pour les employer autrement, et parfois en détourner l'usage et la compréhension. Une question

1. T. SUNDERMEIER, *Religion – was ist das ? Religionswissenschaft im theologischen Kontext.*

2. J. ASSMANN, *Moïse l'égyptien*, Paris, Aubier, 2001, p. 104.

3. Par exemple J. DANIÉLOU, dans *Mythes païens, mystères chrétiens*, Paris, Fayard, 1967.

cruciale est celle de savoir comment survivent ces principes repris des croyances précédentes, mais désormais sans légitimité. Il est probable par exemple que le nouvel âge postmoderne tient à l'idée de personne issue du christianisme – ce qui semble bien attesté par la mémoire des génocides et par les diverses pensées du Care. Bien sûr, la valeur de la personne fait partie de l'esprit des lieux : les sagesses et pseudo-religions qui commencent à nous envahir vont probablement se la réapproprier. Mais comment cette idée survivra-t-elle face à l'individualisme qui la récuse ? Et sous quels avatars ? Que pourrons-nous pour la maintenir vivante, la transmettre aux descendants, la légitimer face à ses adversaires, alors que nous avons perdu ses fondements ? Autant de questions qui valent aussi pour l'idée de vérité ou d'universalisme. Les palimpsestes qui nous attendent représentent autant d'énigmes.

Un moment agnostique

En examinant les aventures récentes du concept de vérité, on comprendra mieux à quel point le « parasitisme », ou le palimpseste, comme reprise et dénaturation des principes anciens, répond à de multiples motifs ou occasions. Les modernes, et a fortiori les postmodernes, ont repris le concept de vérité tout en le transformant au point de le dénaturer. Mais les raisons de cette dénaturation venaient de l'inventeur lui-même. Voyons comment.

La sortie de l'âge des mythes et l'entrée dans l'âge de la vérité, sont le fait des philosophes grecs et des judéo-chrétiens[1]. Quand les chrétiens investissent la société et la culture romaine, ils ne sont pas persécutés, comme nous le croyons souvent, parce qu'ils divulguent des doctrines fausses. Car la notion de vérité ou de fausseté n'a pas grand sens chez les Anciens. Ils sont persécutés parce qu'ils nuisent à la grandeur de l'empire en ne respectant pas les dieux locaux et en se tenant au bord de la désobéissance civile. En revanche, les chrétiens instaurent après les Juifs et les Grecs la notion de vérité et quand, tout à la fin du IVe siècle, ils deviennent religion dominante et commencent à persécuter les païens, ils

1. J'en ai parlé ailleurs, dans *L'âge du renoncement*, Paris, Éd. du Cerf, 2011.

les persécutent pour diffusion de fausses doctrines et adoration de faux dieux.

En ce qui concerne les questions cruciales des origines et des finalités existentielles, de l'existence des dieux et de la destination de l'homme, l'agnosticisme prévalait chez les Anciens. Les mythes proposaient un sens pour la vie, mais ils demeuraient des narrations – et la vérité demeurait cachée, s'il en existait une. Le régime judéo-chrétien de la vérité est exclusiviste, et les Anciens, comme d'ailleurs tous les peuples, sont syncrétistes par nature puisqu'ils vivent sous le régime du mythe – ils se méfient de l'exclusivisme qui leur paraît prétentieux. Au IVe siècle, le défenseur majeur du paganisme déclinant, l'écrivain Symmaque, qui réclame de pouvoir « vivre à sa façon », écrit : « Qu'importe la doctrine par où chacun recherche la vérité. On ne saurait par un seul chemin accéder à un si grand mystère[1]. »

La modernité tardive va, par un chemin détourné, revenir à l'agnosticisme des Anciens,

1. SYMMAQUE, *Relationes* III, 10, Paris, Les Belles Lettres, 2009, p. 82.

tout en conservant des aspects du concept et de l'expérience de la vérité.

La notion même de vérité s'est probablement perdue par ses propres excès, par la rationalisation radicale du *logos*, lequel finit par défigurer la réalité qu'il était fait pour dévoiler. C'était l'analyse de Heidegger. L'ampleur des querelles théologiques, dès les débuts du christianisme, marque la volonté de décrire les réalités métaphysiques et spirituelles avec une précision d'entomologiste. Et cela va nous épuiser, ou si l'on veut, nous exténuer par le ridicule. Aujourd'hui, la vérité des Droits de l'homme comme *logos* transcendant le temps et l'espace, est un résidu des dogmes transcendants du christianisme. Mais cet universalisme court à sa perte. Le statut de la vérité a été fracassé par la modernité. Il semble bien que la cruauté de l'aporie (la vérité OU l'histoire), ait fini par avoir raison de la vérité. En réalité, l'être est événement et devenir, et non définition objective. Car la vérité est un rêve que nous poursuivons, tandis que l'histoire, elle, EST là, et nous ne pouvons nous en défaire.

C'est pourquoi nous avons à modifier le statut de la vérité. Peut-être cette modification signifiera-t-elle plutôt un retour à la maison : il se peut bien que l'idée même de vérité ait été carrément dévoyée par la Chrétienté. Que la vérité ait été posée comme une proposition théorique, comme un dogme, si distante dès lors de la réalité qu'elle la trahit et se perd elle-même. Autrement dit, il se peut que Heidegger ait eu raison. Dans ce cas, la vérité doit cesser d'être proposition ou dogme pour devenir un halo de lumière, un espoir qui tremble, une chose insaisissable qu'on attend avec des rêves de mendiant. Le contraire de ce qu'en ont fait d'abord la religion chrétienne instituée et conquérante, puis, dans son sillage, les idéologies du XXe siècle. Pour Ricœur, la vérité est de l'ordre de la promesse[1], une « espérance eschatologique[2] ». Ainsi, elle accompagne bien l'histoire qu'elle nourrit et dont elle se nourrit, mais sans jamais s'y incarner tout à fait, ou si l'on veut, à titre de fée et non de législateur. La vérité que Ricœur ne veut pas inscrire dans le Progrès hégélien,

1. P. RICŒUR, *Histoire et Vérité*, Paris, Éd. du Seuil, 1967, p. 67.
2. *Ibid.*, p. 68.

il l'inscrit dans une espérance métaphysico-religieuse : ainsi elle existe dans l'avenir indéterminé, mais sans réalité puisqu'elle est toujours à attendre, tel un horizon. Son statut est eschatologique, non pas historique : croire la vérité historique, c'est la briser, parce que la réalité est toujours la plus forte. Michel Villey dans *Le livre des pages*, s'approchait de cette analyse : « Tort de Descartes, d'exiger partout l'évidence. Faute d'accepter le clair-obscur, il nous a livrés à la nuit[1]. » Benjamin écrivait semblablement : « La vérité n'est pas dévoilement, qui détruit le mystère, mais révélation, qui lui rend justice[2]. » Autrement dit, chaque approche du vrai est un séjour, jamais une demeure. Michel Villey pensait que la quête de la connaissance n'était rien d'autre que la prémisse de la quête spirituelle : « Si la vérité n'existe point, ce sera sa faute et non la mienne. Elle a été mon dieu à moi[3]. »

1. M. VILLEY, *Le Livre des pages, Réflexions sur la philosophie et le droit, les Carnets*, Paris, PUF, 1995, p. 43.
2. W. BENJAMIN, *Origine du drame baroque allemand*, Paris, Flammarion, 1985, p. 28.
3. *Ibid.*, p. 223.

Vérité désabritée

Autrement dit : ce qui peut nous permettre de renouer le lien entre l'histoire et la vérité, ce n'est ni la dogmatique du vrai (théories du Progrès ou des Droits de l'homme rigidifiés), ni l'oubli du vrai (mythes postmodernes), mais plutôt la clandestinité du vrai, qui fait de sa recherche une quête humble et spirituelle, jamais définitive.

Le christianisme disait exprimer la réalité, alors que sur cette terre on ne peut que l'interpréter. Il fallait mettre un terme à cette prétention.

Cela explique, en ce début de XXIe siècle, un glissement puissant vers l'agnosticisme, même chez les croyants. Il est très difficile d'accomplir la démarche décrite par Ricœur. Cette vérité demeurée en l'état de promesse, tend facilement à se diluer dans une interrogation devenue permanente : c'est l'agnosticisme qui guette – ou qui commande ? Par exemple dans le courant de la Radical Orthodoxy. Pour John Milbank, les dérives séculières de la société chrétienne occidentale ont résulté des excès philosophiques : les croyances théologiques ont été considérées à tort comme des affirmations scientifiques. Il plaide pour une culture revenue au sacré et au religieux, or il le fait au prix non seulement d'un désabritement de la vérité, mais d'un effacement de celle-ci : il brouille la séparation entre *muthos* et *logos*. Et, finalement, le christianisme apparaît comme un récit, mais un beau récit attrayant : « Aussi déconcertant que cela puisse paraître, on doit reconnaître dans l'affirmation doctrinale de l'Incarnation un moment radicalement inventif[1]. » Pour faire face au nihilisme, il propose de se défaire de l'aride rationalité moderne et de retourner au mythe, revêtu de toute sa sacralité. Milbank justifie ses choix par les dérives historiques : « Je n'accuse pas directement les Lumières, qui n'ont été qu'une réaction à une théologie appauvrie, qui était devenue trop dogmatique, univoque et avait perdu tout mysticisme. Avoir fait de la connaissance de Dieu une connaissance logique, claire, certaine et objective faisait encourir le risque du scepticisme. » Ce qui distingue le christianisme, ce n'est pas qu'il est vrai au sens classique, mais « il offre une meilleure histoire[2] ». On se remémore en écho

1. J. Milbank, *Théologie et théorie sociale, Au-delà de la raison séculière*, Paris, Ad Solem-Éd. du Cerf, 2010, p. 625.
2. Interview donnée au *Figaro* le 27 avril 2018.

Simone Weil, déjà si contemporaine, à propos des cours sur la religion qu'il faudrait faire dans les écoles : « s'ils demandent : Est-ce vrai ? il faut répondre : Cela est si beau que cela contient certainement beaucoup de vérité[1]. » Autrement dit, le beau et le bien se suffisent des mythes, et n'ont plus guère besoin de vérité, laquelle demeure hors de notre portée.

Comme nous sommes loin de nos fondements et de nos traditions ! Encore au XIXe siècle, si près de nous, à l'époque du *Syllabus*, la pensée des chrétiens à ce sujet pouvait être résumée ainsi par Juan Donoso Cortès : « Que la vérité est une chose qu'on ne possède pas, que l'on cherche encore [...] c'est proclamer que la vérité et l'erreur ont des droits égaux [...] principe faux que l'Église catholique ne peut enseigner[2]. »

Nous avions profané l'idée de vérité, à force de vouloir à tout prix identifier la foi à un savoir. La volonté compréhensible de désabriter la vérité, de l'exposer, a suscité naturellement

1. S. WEIL, *L'enracinement*, dans *Œuvres complètes*, Paris, Gallimard, 1951 p. 1083.
2. J. DONOSO CORTÈS, *Théologie de l'histoire et crise de civilisation*, p. 184.

l'agnosticisme. Nous sommes devenus sans le savoir des disciples de Symmaque : « On ne peut parvenir par une seule voie à un si grand secret. »

Un exemple caractéristique de cette méfiance face à l'idée de vérité, est le discours récent sur la loi naturelle. Il est peu probable que les catholiques, à quelques exceptions près, aient encore l'audace de se voir en dépositaires de la loi naturelle, laquelle serait inscrite dans l'infaillibilité de leurs dogmes. Ils ont aujourd'hui plutôt le sentiment qu'ils se sont longtemps approprié la compréhension de la réalité parce qu'ils étaient majoritaires et puissants, mais qu'en réalité cette compréhension ne leur appartient pas. Le personnaliste allemand Paul-Louis Landsberg décrivait ainsi les doutes à ce sujet : « J'avoue ne pas voir comment pourrait être contre la loi naturelle une chose qui se trouve pratiquée, acceptée, et souvent glorifiée, chez tous les peuples non chrétiens[1]. » Au point où nous en sommes de l'histoire, il nous faut comprendre, dit-il aussi, que la morale chrétienne n'est pas « une morale

1. P.-L. Landsberg, *Essais sur l'expérience de la mort*, Paris, Éd. du Seuil, 1993, p. 123.

universelle, naturelle ou raisonnable », mais « la manifestation dans la vie d'une révélation paradoxale[1] ». Nous n'avons pas le monopole de la description de la loi naturelle. Si on croit à son existence, on la cherchera désormais dans un universel concret, c'est-à-dire dans l'ensemble très vaste des pratiques humaines, et non plus dans les dogmes de la tradition.

Religion de la morale

La désaffection vis-à-vis des dogmes, ou d'une vérité décrétée et certaine, ne suscite pas une forme de nihilisme, selon le verdict de quelques esprits noirs, mais plutôt le triomphe de la morale. Celle-ci est désormais seule au monde. On voit se déployer une philanthropie, un amour de l'humanité directement hérité de celui de l'Évangile, mais sans les fondements : et, ici encore, nous sommes en plein parasitisme, ou en plein palimpseste. La modernité tardive reprend l'Évangile et même au sens littéral, mais en le débarrassant de toute transcendance.

1. *Ibid.*, p. 142.

Le plus significatif à cet égard est certainement ce courant de l'Évangile social que l'on observe au départ chez Walter Rauschenbush à la charnière du XIXe et du XXe siècle, et qui influença durablement Martin Luther King, les théologiens de la libération, puis aujourd'hui le pape François et les mouvements décoloniaux. Rauschenbush remplace le salut spirituel par le salut social. Il remplace l'espérance du ciel par l'espoir d'une vie meilleure sur terre. Il remplace la religion par la seule morale, ou encore, fait de la morale une religion.

La récupération et d'une certaine manière la dénaturation de la morale évangélique par la postmodernité, apparaît avec acuité dans la relecture de la doctrine du Mal par Rauschenbush. Affirmant que le Christ n'est pas mort pour les péchés individuels mais pour ceux collectifs, il énumère les péchés publics essentiels dont le fanatisme, le militarisme et le mépris de classe, et les maux essentiels qui sont le capitalisme, le nationalisme et l'individualisme. Par ailleurs, les incarnations du bien sont énumérées aussi : le pacifisme, le collectivisme, le socialisme et l'internationalisme. On aperçoit à quel point les courants de pensée contemporains héritent des courants chrétiens dénaturés, et les poursuivent. Pour le politiste américain contemporain Joseph Bottum, aujourd'hui une morale protestante défigurée et sans transcendance domine la morale outre-Atlantique. L'adhésion au protestantisme y est passé de 50 % à 4 % en un demi-siècle, et les péchés capitaux sont les suivants : l'intolérance, le pouvoir, le militarisme, l'oppression. Autrement dit, un Évangile abâtardi a produit le courant décolonial – il faut ajouter : après avoir en son temps produit le communisme. Les descriptions de Bottum ne laissent pas de doute à ce sujet : en affirmant une culpabilité sans pardon, les Woke ne laissent d'espoir qu'à la violence. Leur péché originel ressemble à une forme de manichéisme total, puisque seuls les Blancs en sont affligés. Enfin, ils ont repris à leur compte, eux aussi, le concept de vérité dogmatique, et excluent leurs adversaires de la vie publique comme l'Église autrefois excommuniait.

Dans un conte philosophique primé par le Goncourt en 1943, *Passage de l'homme*, Marius Grout raconte l'histoire d'un village bouleversé par le passage d'un homme porteur de révélations. On y comprend tout à la fin que les espérances de l'époque, celles d'un monde parfait, ne sont que des utopies : le pays attendu, ici « les îles », n'existe pas. Mais le plus intéressant est que le messager, cet homme qui n'a pas de nom, défait doucement l'ancienne religion, ici catholique, pour la remplacer par une sorte de culte humaniste. Marius Grout, qui écrivait au milieu du XXe siècle, a précisément compris que les religions de la transcendance ne seraient pas remplacées par les utopies communistes, vouées au malheur et à la désillusion, mais par un souci post-évangélique de l'homme, débarrassé du culte et de la transcendance.

Le nihilisme récusé par l'humanitarisme

La profonde déstabilisation de la chrétienté qui a eu lieu à partir des années soixante du XXe siècle, et que j'ai appelée l'inversion normative, a d'abord suscité une période de nihilisme. Le désir était profond d'effacer radicalement toute trace des anciennes prohibitions morales érigées par le christianisme depuis des siècles. Ce moment de nihilisme a donné lieu à d'intenses bacchanales. Prenons un exemple très parlant pour nos contemporains. Dans les années soixante, nombre de personnalités se sont déchaînées pour défendre et même glorifier la pédophilie. Il s'agissait de tout déconstruire dans ses moindres fondements, afin de rendre probante et définitive l'inversion normative souhaitée. Le nihilisme auquel peut donner lieu une société privée de toute règle morale, a été bien décrit dans le livre de Camille Kouchner *La Familia Grande*. Là tout absolument est permis, au nom de la liberté enfin conquise, c'est une démonstration grandeur nature des écrits de Diogène le cynique ou de Sade. Cependant, ces excès ne se répandent qu'au sein de milieux restreints, particulièrement cultivés, sophistiqués et émancipés, auxquels la simple décence commune échappe totalement (la décence commune fait plouc, c'est pour eux une chose de prolétaire). Et ce qui est tout à fait intéressant, c'est de remarquer, après un demi-siècle, que ce nihilisme a complètement disparu pour être remplacé par son contraire. Que s'est-il passé ? Le livre de Camille Kouchner est éloquent à ce sujet : les deux adolescents de 13 ans, auxquels on a dit depuis le berceau que tout est permis à satiété, se rendent compte par eux-mêmes que l'inceste « c'est mal ». Par quel miracle ? Je crois, comme Paul-Louis Landsberg, que la loi naturelle peut être décelée dans l'universel concret (autrement dit, ce que tous les peuples permettent ou interdisent) davantage que dans un dogme (ce que Thomas d'Aquin a écrit). Quelque chose doit bien exister qui ressemble à une loi naturelle, et l'interdit de l'inceste en fait partie. C'est pourquoi le nihilisme demeure une farce (délétère) d'intellectuels en mal de nouveauté, une affaire germano-pratine, au fond. La nature revient au galop : et il y a un fondement naturel à la morale, quelque chose de simplement humain qui nous souffle un « tu dois » – son contenu restant évidemment toujours en débat. Ce n'est pas nous qui fondons l'obligation morale : c'est elle qui nous fonde, voilà ce que signifie l'histoire récente.

Mais il y a plus. La liquidation morale de la seconde moitié du XXe siècle a laissé un sentiment de nausée. Le cœur au bord des lèvres, les mêmes qui brandissaient leur droit à la pédophilie triomphante sont devenus en quelques décennies des professeurs de vertu. Bien sûr il ne s'agit pas de revenir à la morale chrétienne, qui a bel et bien été effacée dans la plupart des milieux occidentaux – il suffit de regarder la baisse des mariages et le nombre des IVG. Cependant les vertus évangéliques ont été reprises et recyclées pour devenir une sorte de morale commune, que l'on peut appeler humanitarisme pour la distinguer de l'humanisme qui place l'homme au centre de l'univers – ce qui n'est plus le cas. L'humanitarisme a été repéré déjà par Scheler, Chesterton, Kolnai. Il s'apparente à une sorte de philanthropie, au sens où il ne découle pas d'une théorie mais du simple et instinctif sentiment d'humanité, qu'on trouve sous toutes les latitudes. C'est pourquoi, débarrassé de toute justification argumentée, il marche à l'émotion : l'homme de ce temps a « la tripe sensible » disait Bernanos. J'en ai parlé ailleurs[1].

Il faut cependant préciser un point crucial : si l'on récupère des éléments du passé, on ne veut pourtant jamais que cela soit dit. Tout est fait pour en camoufler l'origine, leur ôter leur nom. Il faut se croire l'inventeur, que l'on n'est

1. Voir *Le crépuscule de l'universel*, Paris, Éd. du Cerf, 2020.

jamais. Et c'est probablement cette tromperie qui permet un nouveau départ. L'homme du palimpseste prétend toujours qu'il a écrit sur du papier vierge.

Au cours de la modernité tardive, et même si toutes les prohibitions concernant les mœurs ont disparu, les sociétés occidentales sont sous l'hégémonie morale des principes de solidarité et d'égalité. À cet égard, les discours de nos élites ressemblent trait pour trait aux sermons ecclésiastiques. Le contenu de la nouvelle morale, une philanthropie assez pleurnicharde et très victimaire, dominée par l'émotion et le sentimentalisme, trouve ses raisons d'être dans l'évolution générale. Car la désaffection à l'égard de la vérité et l'agnosticisme ambiant, suscitent l'humanitarisme : « Quand il n'y a plus de vérité, l'idée de communauté prend la place », s'en explique G. Vattimo, rappelant que Heidegger était à la fin attiré par le bouddhisme, et que Michel Foucault défendait Khomeini pour la même raison[1]. La vérité dont la prétention s'efface, et qui

1. G. Vattimo, *Christianisme et modernité*, Paris, Champs-Flammarion, 2014, p. 93 s.

semble dorénavant un horizon inatteignable, est remplacée alors par la charité. Nous devenons, pour ainsi dire, asiatiques : on ne sait pas ce qui est vrai et on ne peut pas le savoir, mais au moins peut-on connaître le bien et le pratiquer. Nous avons été saturés de dogmes dont nous percevons à présent l'incertitude, comme si nous avions été floués – en réalité, ces dogmes étaient des mythes, voilà ce que pense notre contemporain : « la métaphysique, écrivait Borgès, est un chapitre de la littérature fantastique ». Ainsi notre monde débarrassé de la métaphysique devient-il à la fois esthétique et moral. G. Vattimo va plus loin : il pense que cet effondrement des « vérités » religieuses fait partie intégrante du processus religieux, comme si nous arrivions à la troisième phase joachimique, celle des frères et de la liberté. La modernité, ou plutôt la modernité tardive au sens où elle pratique une vérité effacée, serait « l'un des épisodes de l'histoire du salut[1] ». Il s'agirait moins d'un affaissement, ou d'un crépuscule, que d'une phase de l'évolution, indiquant un nouveau progrès. En quoi

1. G. Vattimo, *Après la Chrétienté*, Paris, Calmann-Lévy, 2004, p. 72.

l'effacement de la vérité constituerait-il un progrès ? Au sens où ce serait une humilité devant le réel, qui nous dépasse toujours, et que nous ne pouvons pas décrire de façon si péremptoire. Au sens où ce serait, par conséquent, l'abandon de notre volonté impérialiste d'évangéliser le monde entier. On peut se demander ce qui reste du christianisme si on se débarrasse de la vérité : probablement, un grand mythe et les rites symboliques qui vont avec.

Morale d'État

La morale chrétienne qui, à l'époque de la Chrétienté, inspirait les sociétés, s'imposait bien sûr d'abord aux fidèles, mais aussi à tous, puisqu'elle irriguait les mœurs et les lois. On ridiculisait les homosexuels quand on ne les punissait pas et la fille-mère était dégradée. Chacun participait à sa manière à l'ordre moral. Dans les années soixante-dix, un ami chirurgien s'est vanté devant moi d'avoir fait le matin, à une jeune femme souffrant d'hémorragie après un IVG clandestin, un curetage sans anesthésie « pour lui apprendre à vivre ». Pour défendre la morale d'alors, chacun était donneur de leçons. Une nouvelle morale laisse-t-elle davantage place à la liberté individuelle ? Pas du tout. Elle s'impose avec autant de violence et de ricanements que celle précédente. Dans la société occidentale postmoderne, persuader quelqu'un de ne pas pratiquer l'IVG est un « délit d'entrave » puni par la loi. La nouvelle morale s'oppose radicalement aussi bien à l'ancienne morale chrétienne qu'à l'éphémère nihilisme qui nous précède. La pédophilie vaillamment défendue par nos élites il y a 40 ans est devenue, en moins de temps qu'il n'en faut pour le dire, un crime que la société tout entière doit punir – le coupable se voit littéralement banni, à chaque échelon de son existence, comme l'était autrefois, par exemple, la « fille-mère ».

Sans aucun doute, cette morale néo-évangélique, que l'on peut appeler un humanitarisme, appartient à ces produits parasites dont parlait Péguy. Elle manifeste à quel point le monde postmoderne, après la Chrétienté, vit sur un patrimoine chrétien, ce qui est bien naturel, car on n'invente pas une morale en un jour. Cependant, ne ressentant plus le besoin de fondements et se fiant toujours à son émotion primaire, l'esprit post-moderne puise non seulement dans son riche patrimoine délaissé, mais aussi ailleurs, et abondamment dans les pensées asiatiques. Comme toujours lorsque les emprunts se font sans justification et seulement par horreur du vide, on peut craindre que ces produits parasites résistent peu à l'usure du temps. Chesterton disait que ces principes empruntés par défaut à la Chrétienté « se fanent très vite entre les mains des modernes », parce qu'il y a loin du bassin à la fontaine[1]. Belle image. Que deviendront des principes qui ne peuvent plus se ressourcer en permanence, là où la source a été bannie ? On peut penser que ces principes parasites ou palimpsestes, puisque séparés de leurs fondements justificatifs, vont devenir en quelque sorte des coutumes, qu'on suit sans plus se rappeler leur origine. Les cultures sans vérités métaphysiques, comme la culture chinoise ou hindoue, ont des morales qui reposent sur des coutumes et ainsi franchissent le temps. Cependant, ces morales sont alors tenues, et éventuellement changées, par le pouvoir. C'est

1. CHESTERTON, *La chose, pourquoi je suis catholique*, Paris, Flammarion, 2015, p. 31 s.

bien ce qui finit par nous arriver. Nous avons, d'ores et déjà, une morale d'État, quelque chose qui rappelle la « religion civile » de Rousseau et de la révolution.

La morale néo-évangélique instaurée sur le nihilisme post-Chrétienté, dépend de l'État et des élites, qui en assurent le respect et en punissent les infractions. En effet, il n'y a plus de clercs ni de gardiens du temple – au sens propre. On se souvient que dans les sociétés païennes, la religion et la morale sont séparées : la religion réclame des sacrifices et des rites, tandis que les gouvernants imposent une morale. C'est bien la situation que nous sommes en train de retrouver : notre élite gouvernante décrète la morale, promeut les lois pour la faire appliquer, et éventuellement la fait appliquer par injures et ostracisme. Notre morale est post-évangélique, mais elle n'est plus rattachée à une religion. Elle domine les plateaux de télévision. Elle habite toute la cinématographie de ce temps. Elle gouverne dans les écoles et dans les préaux, dans les familles. Quand il faut la redresser ou lui assigner une bonne direction, c'est l'élite gouvernante qui s'en charge. Les gouvernants européens représentent à cet égard le tabernacle de la cléricature. Bref, nous sommes revenus à une situation typique de paganisme : nous avons une morale d'État.

La réflexion de Dietrich Bonhoeffer effectue une claire transition entre la modernité et la post-modernité religieuses. Il affirme que l'homme étant devenu adulte et capable de comprendre et de maîtriser le monde, il n'a plus besoin de l'hypothèse Dieu qui convenait à des esprits faibles et ignares. Ce qui apparaît bien daté, et plutôt caractéristique du candide XIXe siècle – le XXe siècle nous a appris à quel point nous sommes encore (et pour toujours ?) faibles et ignares. Mais Bonhoeffer ne signifie pas qu'il n'est pas croyant, au contraire – sa vie et sa mort en attestent. Il établit un lien entre les croyants et les autres, en conférant l'importance la plus grande à la vie terrestre, à la vie morale. Ici tous peuvent et doivent se réunir. Celui qui croit en Christ, qui croit en une transcendance, garde cela par-devers lui et n'en fait pas vitrine – car l'essentiel est dans la vie-ensemble. Il y a là les prémisses de l'âge des sagesses, qui aujourd'hui inspire nombre de mouvements d'Église, plus pressés d'inciter à la solidarité que d'évoquer la transcendance.

Dans *La sagesse dans le sang (Wise Blood)*, son premier roman écrit à l'âge de 25 ans, Flannery O'Connor met en scène un pasteur qui prêche devant les cinémas pour une Église qu'il a créée, l'Église sans Christ. Sa théologie particulière se caractérise par un relativisme complet, et l'inversion de toute la doctrine précédente : le blasphème y est le seul chemin vers la vérité – ni péché, ni chute, ni jugement, ni rédemption. Le salut y est remplacé par la satisfaction. Dans ce conte, toute vérité a été remplacée par une morale sordide et indécente, si l'on peut oser ces oxymores : « C'est le défaut de tous les pasteurs, dit un personnage. Vous êtes tous devenus si bons qu'vous croyez plus en rien[1]. » O'Connor, qui écrit au milieu du XXe siècle, décrit déjà la modernité tardive.

1. F. O'CONNOR, *La Sagesse dans le sang*, dans *Œuvres Complètes*, Paris, Gallimard, 2009, p. 77.

CHRISTIANISME
SANS CHRÉTIENTÉ

Que devient, que va devenir l'Église sans la Chrétienté ? Devant le bouleversement radical dont j'ai tracé plus haut quelques grands traits, les réactions de l'institution sont diverses. Mais la plus courante, et notamment chez les clercs, est à présent celle de la résignation et de la renonciation. Le temps est bien loin des soldats du *Syllabus*, même s'il en reste quelques individualités éparses, folkloriques plutôt que signifiantes.

En réalité, le personnel de l'Église a été atteint par la maladie de l'époque : la mauvaise conscience, la honte du passé. Il a suivi, ce qui est bien naturel puisqu'il vit ancré dans le temps comme tout le monde, les aléas de l'inversion normative qui a frappé l'institution de plein fouet. Dans les années cinquante du XXe siècles, un simple catholique pouvait affirmer couramment que l'Inquisition n'avait jamais existé. Prétention bien humaine : quand on a le pouvoir, on tient la haute main sur le passé et on redéfinit l'histoire. Aujourd'hui, privée de pouvoir, l'institution assume tout son passé, quelle qu'en soit la teneur. Mais il y a plus : parce que la période présente prétend revoir tout le passé et le renier à l'aune de ses principes d'aujourd'hui, le personnel de l'Église a tendance à lui emboîter le pas et même à se faire plus royaliste que le roi. Devant l'évocation de certains de ses comportements historiques, il se couvre la tête de poussière pour entonner les Mea Culpa : « un crime de masse », affirme carrément le président de la Commission sur les abus de l'Église en mars 2021. Moment de retour sur soi, où l'on se demande comment on a pu, autrefois et même il n'y a pas si longtemps, commettre ou couvrir des actes considérés aujourd'hui comme criminels – c'est toute l'histoire de la pédophilie dans l'Église. J'ai montré ailleurs[1], à quel point cette attitude de l'esprit, quand elle est excessive au point d'embarquer le passé entier dans la géhenne, traduit un utopisme héritier du communisme dont elle procède sans le dire – le présent, qui se croit habilité à juger le passé dans son entier, se sent parfait. Mais le plus étonnant est l'empressement de nos clercs à

1. Voir *La haine du monde*, Paris, Éd. du Cerf, 2016.

tomber dans cette mauvaise conscience pestilentielle, qui représente la face utopique de l'inversion normative, et cela en omettant par ailleurs de s'occuper des désastres présents, comme les corruptions et bacchanales au Vatican. L'Église a honte du pouvoir qu'elle a exercé pendant des siècles sur les sociétés. Et c'est encore plus clair dans des pays où elle a été repoussée par une espèce de révolution, comme au Québec. Elle a tendance à se réfugier dans un trou de souris afin de dissimuler pour toujours le pouvoir qu'elle a affiché si longtemps. L'inversion normative exhibe d'anciennes victimes vengeresses et furieuses, mais elle exhibe aussi d'anciens oppresseurs tourmentés, rongés par le remords au point de se bannir eux-mêmes. Et le personnel de l'Église a largement adopté cette attitude, au point que le clan de ceux qui défendent et revendiquent ouvertement l'ancien ordre des choses, ceux de la « manif-pour-tous », par exemple, sont ostracisés par l'institution ecclésiale qui les rejette de ses instances. Au fond, pour le dire brutalement : aujourd'hui, l'Église a honte de la Chrétienté comme pouvoir et comme contrainte, et elle aspire à d'autres formes d'existence.

Ressembler aux vainqueurs

Mais les choses vont plus loin. Non seulement le personnel de l'Église, désarmé sur tous les plans, cesse de revendiquer le pouvoir perdu et même se repent d'en avoir usé et abusé. Mais encore, il va jusqu'à rallier les courants de pensée qui le mettent en cause. Pourquoi cette incohérence, qui peut ressembler à du masochisme ? Ce n'est pas la première fois dans l'histoire, et de loin. Il s'agit toujours, devant un adversaire patenté et puissant, de lui plaire afin de ne pas perdre trop de terrain. À l'époque du marxisme triomphant, en France au milieu du XXe siècle, nombre de nos clercs se disaient tentés de « faire un bout de chemin » (c'était l'expression consacrée) avec le marxisme. Aujourd'hui, on voit des institutions catholiques vouer une dévotion à l'Art Contemporain, qui n'est pas seulement de l'art mais du nihilisme revendiqué ; ou bien au culte de Gaïa, forme de cosmothéisme postmoderne.

Ce type de comportement, qui consiste à s'abîmer dans la dévotion de son adversaire naturel, trouve bien des antécédents dans l'histoire.

C'est l'attitude du puissant qui, ayant perdu son hégémonie et avec elle son aura, vise à en conserver une parcelle en ressemblant à ceux qui sont en train de la lui enlever. Au IVe siècle de notre ère, les païens, affolés de se voir retirer la prééminence, tentèrent de ressembler aux chrétiens. Ils savaient bien, naturellement, qu'on préférera toujours l'original à la copie. Mais ils tentaient ainsi, et de manière probablement instinctive, de continuer à faire partie pour ainsi dire du camp des vainqueurs. Ainsi l'empereur Julien fit-il passer la *paideia* païenne pour une sorte d'idéologie, ou si l'on préfère, de vérité, afin de rivaliser avec la doctrine chrétienne triomphante[1]. Au Ve siècle, les païens tentaient de concurrencer les chrétiens en lois vertueuses, se vantant par exemple de l'antériorité des lois contre les exolètes, qui préexistaient aux juridictions chrétiennes. Un courant puissant a tendance à déteindre sur les autres, pressés de survivre en empruntant les couleurs du vainqueur. Au IIIe siècle, écrit Michel Rouche, le paganisme change de nature : « Dans une rivalité mimétique tout le monde reconnaît l'existence d'un

1. S. Ratti, *L'histoire auguste*, p. 14 s.

dieu unique[1] », ce qu'il appelle « hommage négatif, aveu d'impuissance », ou encore, selon l'expression de Grégoire de Naziance, « imitation simiesque[2] ». Nous apercevons le même phénomène aujourd'hui en sens inverse, quand des courants chrétiens transforment insensiblement la vérité en récits, ou effacent la transcendance pour s'en tenir à l'éthique.

Aujourd'hui, l'institution ecclésiale affirme une préséance dans le souci écologique en exhumant le souvenir de saint François jusqu'aux écrits de Gustave Thibon. Il s'agit toujours de se montrer moderne afin de ne pas se voir englouti par le temps qui passe. La crainte d'être dépassé va naturellement jusqu'à vouloir se fondre dans l'autre, afin de participer de sa condition de vainqueur. Un exemple récent en est le colloque sur « La théologie face à Gaïa » organisé les 6 et 7 février 2020 par Les Bernardins, le Centre Sèvres et l'Institut catholique de Paris – autrement dit les trois principales institutions catholiques de la capitale. Il y est question de corriger la théologie de fond

1. M. ROUGE, *Les origines du christianisme*, Paris, Hachette, 2021, p. 99.
2. *Ibid.*, p. 113.

en comble afin de revoir le statut du divin et la teneur des dogmes, mettant ainsi fin à l'exception humaine, à la domination masculine, à la notion de péché originel, entre autres. Autrement dit, ces discours en appellent à dissoudre le catholicisme dans l'hypothèse Gaïa de Lovelock, comme certains espéraient, dans les années soixante, dissoudre le catholicisme dans le marxisme. Une longue prière de repentance est même composée et récitée, visant à réconcilier l'Église avec ses fidèles, dans laquelle l'Église chrétienne se repent pour commencer de ne pas avoir accordé aux femmes lesbiennes le droit de devenir mère – et ainsi de suite.

Une partie de l'Église, on l'a vu dans les pages précédentes, glisse vers le panthéisme. L'ardeur des partisans de Gaïa à convertir nos théologiens, peut traduire la volonté jubilatoire d'anéantir un adversaire agonisant. La crédulité nigaude avec laquelle les institutions catholiques se jettent sur l'appât, peut traduire la joie de se sentir intéressant et important (fut-ce pour se voir sommé de disparaître), alors qu'on représente depuis longtemps la dernière roue du carrosse. On peut, pour survivre, se mettre d'accord avec ses adversaires, tâchant de se sauver en se perdant. Il s'agit en tout cas, et très certainement, d'une forme de rejet de soi, culpabilité des anciens oppresseurs après une inversion normative. Ce type de manifestation montre et démontre le mal-être de l'institution ecclésiale, et probablement aussi son inadaptation au monde présent. Il est normal et utile de promouvoir des rencontres avec des courants opposés, et on peut souhaiter que des théologiens catholiques dialoguent avec les partisans de Lovelock. Mais dialoguer n'est pas se dissoudre dans les thèses de l'adversaire, et on n'a pas besoin de cesser d'exister pour être tolérant – c'est même le contraire. Ici transparaît chez les catholiques à la fois la méconnaissance totale de ce qu'est un libéralisme sain, et en même temps, le désir ténébreux et probablement inconscient de disparaître, de se fondre, de ne plus avoir à se défendre ni à revendiquer sa propre existence.

Ce sentiment de honte se conjugue avec les métamorphoses intellectuelles pour jeter le doute sur l'idée de mission et de transmission. On transmet bien pauvrement quand on est terrassé par la mauvaise conscience. Et par ailleurs, quand le discours de vérité se débarrasse des dogmes par crainte de la raideur et de trop de certitude, peut-on encore parler de mission ? Sortir la vérité de la sanctuarisation du dogme, la désabriter, exige des prouesses intellectuelles. Protège-t-on une religion populaire avec des vérités désabritées, ouvertes au vent du doute, toutes proches des récits ou des mythes ? C'est au moins une question que l'on peut poser.

Pour ces deux raisons les responsables ecclésiaux sont désormais des apôtres silencieux et discrets, bien loin de ces prosélytes dont la tradition nous a laissé l'habitude. La conquête n'est plus de mise, remplacée par un humble témoignage, auquel d'ailleurs on renvoie prestement ceux qui prétendraient à l'évangélisation d'autrefois, assimilée à une propagande de mauvais goût. La conquête est bannie pour la religion comme elle est bannie pour les États.

Des soldats pour Waterloo

Réduits à la situation de témoins muets, les chrétiens sont aujourd'hui voués à devenir les soldats d'une guerre perdue. Leurs combats – notamment et ce sont les principaux, les combats sur les questions sociétales –, n'aboutissent à rien et d'ailleurs n'ont aucune chance d'aboutir. Je ne suis pas sûre qu'ils l'aient bien compris. Les chrétiens qui manifestent inlassablement pour tenter d'empêcher des lois scélérates sur l'IVG ou la PMA, ne pourraient réussir qu'en mettant en œuvre préalablement une révolution spirituelle. Convertissez les peuples au christianisme, à la dignité intrinsèque de chaque embryon, et ensuite vous pourrez abolir l'IVG. Vouloir le faire en sens inverse, ce serait comme vouloir imposer la confession à des peuples non catholiques : une ânerie terroriste. La croyance et l'adhésion aux principes, précède l'acceptation des lois. On ne pourrait convaincre les gens d'abandonner l'IVG qu'en les convainquant de la sacralité de l'enfant à naître – et c'est parce que les Occidentaux n'étaient plus convaincus de cette sacralité qu'ils ont réclamé la levée de la prohibition dans les années soixante. Toute réforme trouve ses raisons dans des croyances et des convictions solides ou non, conscientes ou non, en tout cas suffisamment ancrées d'une façon ou de l'autre. Il est absurde de penser que les femmes se sont mises à réclamer la légalisation de l'IVG par esprit de débauche ou de décadence. Elles l'ont réclamé parce qu'elles ne croyaient plus que l'enfant était un ambassadeur de Dieu, créé à Son image, selon les principes chrétiens de sacralité de la personne et, dès lors, la prohibition de l'IVG leur était une interdiction absurde et injuste. Seul un gouvernement dictatorial ou totalitaire se permet d'ériger des lois qui ne correspondent pas aux convictions profondes des citoyens. Aussi les chrétiens ne peuvent-ils manifester contre l'IVG ou la PMA, qu'en vertu du principe de conviction : afin de montrer qu'ils existent en tant que témoins d'une croyance devenue marginale.

Éduquer des enfants à la foi aujourd'hui, c'est produire des soldats pour Waterloo. Ils devront prendre la mesure des échecs sociaux inéluctables, et se comporter comme le chevalier de la foi de Kierkegaard : résigné, mais tout aussi capable de marcher à l'infini. À vue d'homme, il n'y a pas de renaissance de la Chrétienté à l'horizon, les dernières illusions datant du milieu du XXe siècle, par exemple chez J. Maritain :

> Le retour des masses en Chrétienté ne s'accomplira que par l'amour, je dis l'amour plus fort que

> la mort, le feu de l'Évangile. Nous ne renoncerons jamais à l'espoir d'une nouvelle Chrétienté, d'un nouvel ordre temporel d'inspiration chrétienne[1]...

Mais l'Église privée de son pouvoir temporel et civilisationnel ne sera pas pour autant empêchée de vivre. Elle pourrait devenir, comme le dit W. Cavanaugh à la suite du pape, un hôpital de campagne : un campement sans confort, qui soigne les blessures de la vie dans la permanente précarité[2]. Mais surtout : loin de vouloir conquérir le monde, dorénavant, comme les juifs, nous allons nous préoccuper de vivre et de survivre – et ce sera déjà bien assez. Fouillez partout, et vous ne trouverez plus nulle part de rêve de mission et de conquête – et même si parfois ils existent dans le secret de certains cœurs, ils n'osent pas se dire. Au fond, beaucoup de chrétiens sont soulagés de voir s'éteindre la Chrétienté avec tout ce qu'elle supposait de force et d'hypocrisie. Nous sommes tous, chrétiens ou non, les enfants de cette époque : préférant

1. J. Maritain, *Confession de foi*, New York, Éd. de la Maison Française, 1941, p. 36.
2. W. Cavanaugh, *Comme un hôpital de campagne*, Paris, DDB, 2016.

la douceur à la domination, l'imperfection assumée à la fanfaronnade.

Comme le père T.-D. Humbrecht, la plupart d'entre nous voient les chrétiens de l'avenir proche comme un maigre troupeau sans autre ambition que celle d'être silencieusement le sel de la terre, « émaciés, certes, ils sont appelés à renouveler leur manière de prendre leur place dans la société, non plus peut-être de manière dominante, mais de façon essentielle[1] ». Quand on ne peut pas être une puissance, on peut être un exemple, disait Camus. Ce programme héroïque convient particulièrement bien à une institution spirituelle. Acquérir et conserver la puissance est finalement assez facile, puisque toutes les facultés de bravade peuvent être utilisées : il faut asservir, contraindre et mentir. Mais être un exemple, utiliser les vertus silencieuses, ah c'est une autre histoire… et on ne voit pas qu'une religion soit vouée à autre chose.

1. T.-D. Humbrecht, « La fin de la Chrétienté », Académie des Sciences morales et politiques, séance du 12 janvier 2015.

« Il n'est pas sûr que Dieu ait perdu au change »

Toutes les circonstances évoquées ci-dessus – le refus radical de la modernité par l'Église puis les tentatives de sauver la Chrétienté par les fascismes, enfin le ralliement récent à la modernité mais dans une atmosphère de mauvaise conscience toute postmoderne – obligent à poser la question : la fin de la Chrétienté n'est-elle pas plutôt un bienfait qu'une catastrophe ? Ce qu'Émile Poulat avait résumé ainsi : « Il n'est pas sûr que Dieu ait perdu au change[1]. » Cette question a été analysée par plusieurs auteurs. On peut la juger superflue, puisque de toute façon les faits sont là, mais on aura tort. Tenir la fin d'un monde pour une catastrophe, induit des comportements aigres et revanchards, comme on en a vu il y a un siècle ; voir dans la fin d'un monde les atouts et les grâces, sollicite l'optimisme et colore autrement les actions. Il ne s'agit pas seulement de faire, comme on dit, contre mauvaise fortune bon cœur. On peut penser que la

1. É. POULAT, *L'ère post-chrétienne, un monde sorti de Dieu*, Paris, Flammarion, 1994, p. 11.

Chrétienté, à savoir cette mainmise de l'Église sur la civilisation, n'était pas une bonne affaire ou plutôt était exclusivement l'affaire d'époques fondées sur la conquête.

Certains estiment même que la traduction archaïque et dominatrice de la mission évangélique a nui à cette religion, tel Kierkegaard affirmant (dans *L'Instant*) que le christianisme s'est aboli par sa propagation. C'est naturellement l'opinion du protestantisme, pour lequel l'institutionnalisation tue le message. Pour le protestant Jacques Ellul, transformer l'Évangile en civilisation le vouait à la décadence certaine[1]. Car la civilisation devait nécessairement raidir le message, le corseter, et finalement le pervertir. Le message évangélique tombait alors de façon naturelle et fatale dans la religion sociologique, devenant un vêtement d'artifice, pendant que les clercs nantis de pouvoir se laissaient séduire par toutes sortes d'excès. Mais bien des catholiques convaincus tiennent un langage analogue. Emmanuel Mounier, qui d'ailleurs niait l'existence historique d'une civilisation chrétienne,

1. J. Ellul, *La subversion du christianisme*, Paris, La Table Ronde, 2001.

pensait que la vocation du christianisme se bornait à exercer une influence de témoignage, indirecte – les chrétiens ne devraient alors avoir que le pouvoir des sans-pouvoirs, absolument discret « une discrétion brûlante, comme la présence même de Dieu[1] ». Et Miguel de Unamuno, pourtant catholique traditionaliste, contestait au christianisme la légitimité de tout pouvoir temporel, qui aussitôt le paganise et le détruit. La croisade, disait-il, « produit finalement la conquête du conquérant par le conquis, et le conquérant devient nadiste » (c'est-à-dire nihiliste)[2].

On le voit, il ne manque pas de grande voix pour mettre en cause le pouvoir ecclésial, fut-il un pouvoir sur les âmes, celui qui a été le quotidien de l'Occident pendant des siècles et encore aujourd'hui dans certains pays. Mais celui qui va le plus loin est sans doute Ivan Illich[3]. Celui-ci refuse toute légitimité à l'Église pour guider

1. E. Mounier, *Feu la Chrétienté*, Paris, DDB, 2013, p. 70.
2. M. de Unamuno, *L'agonie du christianisme*, Paris, Berg, 1996, p. 76.
3. I. Illich, *La corruption du meilleur engendre le pire*, Arles, Actes Sud, 2007.

les sociétés ou les servir (par exemple tenir les hôpitaux et les écoles comme c'était le cas dans presque toute notre histoire). En outre, il affirme que cette intrusion de longue durée du christianisme dans les sociétés, a littéralement produit une perversion du message. Le Bon Samaritain agit sous l'action de la grâce, et son geste va devenir celui de la distribution sociale et de l'ouverture légale aux immigrés (pour ne saisir que cet exemple). La charité devient justice exigée, l'aumône de l'amour se conjugue en kilos de vêtements, l'égalité en dignité se métamorphose en hantise des « discriminations ». L'Évangile qui est une folie, suscite alors une machinerie sociale qui hérite de lui en le singeant, en le plongeant dans l'immanence et en le détraquant. C'est ce que j'ai appelé plus haut l'humanitarisme, ou ce que Chesterton appelait les vertus devenues folles. Dans sa prétention à s'instaurer comme civilisation, le christianisme aurait fini par produire un avatar monstrueux, qui est à la fois son alter ego et son ennemi mortel. La modernité, en effet, est probablement à la fois un rejet du pouvoir chrétien (récusation des lois sociétales), et une reprise et adaptation des principes chrétiens (égalité sociale, philosophie du

Care). Dans toutes ses dimensions, elle s'établit contre la Chrétienté comme civilisation, et non contre le christianisme. Elle ne récuse que le pouvoir de la religion et non la religion elle-même, comme l'écrivait déjà Tocqueville : « C'était bien moins comme doctrine religieuse que comme institution politique que le christianisme avait allumé ces furieuses haines[1]. » Question finalement oiseuse, celle de savoir si la Chrétienté comme civilisation chrétienne était légitime ou non. Il nous importe aujourd'hui davantage de décider dans quel état d'esprit nous abordons la suite de l'histoire.

Cette situation nous impose de nouvelles exigences.

Le catholicisme, chargé d'un passé oppressif et désormais très minoritaire, est mal-aimé par l'opinion commune.

C'est l'une des exigences qui s'imposent à nous désormais : le statut de minoritaire est très spécifique, et nous devons l'apprendre des juifs ou des protestants. Quand on est majoritaire, les

1. A. de Tocqueville, *L'ancien régime et la révolution*, Paris, Gallimard, 1967, p. 63.

vertus nécessaires sont la tolérance, l'humilité et la discrétion. Quand on est minoritaire, la tolérance n'est plus une vertu mais une nécessité d'état ; les vertus sont l'équanimité, la patience et la persévérance. Le minoritaire doit éviter la paranoïa. Cette situation inédite dans notre histoire, finalement nous ramène à l'âge des premiers chrétiens.

J'ajoute que si les laïcs ont bien intériorisé le statut de minoritaires, il n'en va pas forcément de même pour les clercs. La difficulté pour le personnel de l'Église est d'accepter la perte de pouvoir, surtout si l'on regarde d'où nous venons (d'une situation où l'Église pouvait brandir l'excommunication ou l'enfer : étant donné les croyances d'alors, quel pouvoir...). Trop souvent, le personnel de l'Église se comporte comme si nous étions encore en Chrétienté : parlant avec autorité sur tous les sujets, gouvernant despotiquement les institutions qu'il dirige, autrement dit, adoptant des manières arrogantes qui sont ridicules chez des minorités. D'autant qu'avec la disparition de la Chrétienté, ce n'est pas seulement le nombre de chrétiens qui a changé, mais c'est le comportement et les attentes des fidèles qui restent. Ceux-ci sont beaucoup plus exigeants vis-à-vis de l'Église. On ne dira jamais assez les ravages provoqués par cette religion de l'apparence, si répandue depuis le XIXe siècle, où l'on pratiquait sans croire. À lire les descriptions de Sandor Maraï, l'un des écrivains les plus fins de la bourgeoisie d'alors, on voit que la religion comme foi en un Dieu unique et transcendant avait déjà laissé place à un ensemble de rites, comme dans les anciennes sociétés païennes[1]. En revanche, nous avons aujourd'hui devant nous un catholicisme assez traditionnel et pieux, personnel et jamais social. C'est l'inverse du maurassisme du XXe siècle. On ne va pas à la messe pour le rite social. La ferveur religieuse est patente (les prie-Dieu ayant été supprimés après les années soixante dans toutes les églises,

1. S. MARAÏ, « [La pratique religieuse] fige en quelque sorte les notions religieuses en lieux communs. [...] Somme toute, nous allons à l'église comme dans un institut de désinfection spirituelle. La religion constitue l'un des ingrédients de notre vie, une idée fondamentale, au même titre que la patrie ou le principe de la propriété privée. Que ce culte religieux, cette obéissance vertueuse n'ait strictement rien à voir avec la foi, nous ne le soupçonnons même pas », *Les confessions d'un bourgeois*, Paris, Albin Michel, 1993, p. 176-177.

les fidèles de la jeune génération s'agenouillent sur le sol). Ce ne sont plus des fidèles sociologiques, demandeurs de rites ; mais des croyants sincères, espérant la sainteté de l'Église comme la leur propre. Je n'insiste pas sur le désastre que représentent, pour ce petit nombre ardent, les scandales sexuels à répétition qui secouent l'Église actuelle ; des machiavéliens/maurrassiens d'il y a cent ans, en auraient ricané : ceux d'aujourd'hui, porteurs d'une flamme qui s'éteint, en pleurent amèrement. Une Église minoritaire a d'autant plus de devoir de perfection : car ici, un comportement fautif exaspère un déclin déjà entamé. Il est incompréhensible pour un laïc d'aujourd'hui de voir les plus hautes instances du Vatican, accusées publiquement d'homosexualité à tous les étages, et ne se souciant pas de faire ce qu'aussitôt il faudrait faire : soit un démenti argumenté, soit une remise en cause de soi ostensible. L'Église se comporte comme une institution gouvernante et dominatrice, croyant que tout ce qui est interdit aux autres lui est permis. Elle n'a pas compris cela : en tant que désormais minoritaire et sans pouvoir, le scandale l'enfonce et la discrédite encore plus.

Un comportement me paraît à fuir dans les circonstances où nous sommes, et ici il s'agit d'un comportement adopté non par le personnel de l'Église, mais par un certain nombre de laïcs. C'est ce qu'on peut appeler l'idéologisation des convictions. Certains groupes de chrétiens, effrayés par le processus moderne et postmoderne, ont tendance à transformer leurs convictions en une sorte d'idéologie. Ce raidissement, qui peut aller de l'affirmation véhémente à la radicalisation, touche toutes les cultures ou religions, quand elles se sentent menacées par l'évolution des mœurs et des croyances. On le trouve chez certains musulmans, chez certains juifs. Chez les catholiques d'Occident, une frange conservatrice fervente et active émerge depuis le tournant du siècle, se vouant à renforcer et à sauver par la dogmatique des principes et fondements dont la postmodernité a programmé la destruction.

L'idéologisation des religions et traditions nous fait entrer dans un monde coupé au couteau, et bientôt manichéen. Les croyances deviennent plus certaines. La tolérance s'efface. Une culture qui se sent menacée embrigade ses troupes ainsi qu'un pays en guerre. C'est une sorte d'institutionnalisation de quelque chose d'auparavant flou et livré aux aléas de l'histoire. Mais une institutionnalisation raide, qui grave sur le marbre les croyances effrayées afin de ne pas les laisser s'échapper.

On peut penser que l'idéologisation des croyances menacées répond à la fragilité des convictions, qui s'avouent incapables de faire face à la culture moderne à la fois agressive, enviable et irrésistiblement victorieuse. Les catholiques qui poursuivent une œuvre d'explication pour défendre la famille traditionnelle, n'imaginent pas une seconde qu'ils pourraient faire bouger d'un iota le colosse postmoderne. Ils se considèrent, d'avance, vaincus dans tous les cas. Mais ils ne veulent pas que la postérité les imagine passifs ou complices. Ils idéologisent leurs convictions par crainte de ne pouvoir exister autrement. Se refusant au désespoir et à plus forte raison à l'abdication, ils prennent le parti d'une sorte de baroud spirituel *ad majorem dei gloriam*, une sonnerie de trompette en l'honneur de l'éthique de conviction.

Pourtant, ils sont rares ceux qui voudraient encore vivre dans le christianisme d'avant, figer ses dernières expressions avant la fermeture – « arrête, Seigneur, l'horloge avec laquelle Tu mesures notre dissolution » (Lucian Blaga). Pour la plupart d'entre nous, le passé est devenu un pays étranger – et j'ajouterai, indésirable. Après les péripéties des deux derniers siècles, parfois émouvantes et parfois meurtrières, nous avons baissé les bras. Ce n'est plus la Chrétienté qui nous quitte – c'est nous qui la quittons. Pourquoi ? Parce que nous avons renoncé au règne de la force. Simone Weil, enfant-prophète, avait annoncé cette métamorphose dans son texte de 1940 « L'Iliade ou le poème de la force ». Même si le *compelle intrare* a pu être interprété en mauvaise part, il n'en reste pas moins que les chrétiens ont mission de convertir la terre, et que la force a été utilisée, d'abord physiquement, puis sous forme d'emprise et de domination sur les âmes (c'est le souvenir de cette emprise qui suscite le rejet absolu de la religion des pères dans une nation comme le Québec, et je souhaite aux Polonais de ne pas subir le même sort). La force, dit Simone Weil « fait de l'homme une chose[1] », puisqu'il est alors passif, dépendant d'un autre. Et par ailleurs, elle court à sa perte parce que, par nature, elle ignore les limites. Ce que l'on pourrait décrire interminablement à propos du pouvoir de l'Église en Chrétienté. Simone Weil méprise et dénonce toutes les expressions de la force : « L'héroïsme est une pose de théâtre et souillé de vantardise[2]. » Mais allons plus loin. N'y a-t-il pas d'autres héros que ceux de la force ? Des héros de la patience et de l'attention, et de l'humble amour ? De la quotidienneté, de l'indulgence, de l'équanimité ? Des héros parce que précisément ils ne se vantent pas mais portent tout à l'intérieur, suscitant, ainsi et seulement ainsi, l'envie de ressembler ? En d'autres termes, ne pouvons-nous pas inventer un autre mode d'être que celui de l'hégémonie ? La mission doit-elle être forcément synonyme de conquête ? On peut penser le christianisme sur le modèle des moines de Tibhirine plutôt que sur celui de Sepulveda. Probablement vaudrait-il mieux que nous demeurions seulement des témoins muets, et finalement, des agents secrets

1. S. WEIL, « L'Iliade ou le poème de la force », dans *Œuvres complètes*, Paris, Gallimard 1999, p. 529.
2. *Ibid.*, p. 542.

de Dieu. Puisqu'en dépit des inversions normative et philosophique, selon les palimpsestes dont j'ai parlé plus haut, le christianisme est encore, à sa manière, l'esprit des lieux. Renoncer à la Chrétienté n'est pas un sacrifice douloureux. L'expérience de nos pères nous apporte une certitude : notre affaire n'est pas de produire des sociétés où « l'Évangile gouverne les États », mais plutôt, pour reprendre le mot de Saint-Exupéry, de « marcher tout doucement vers une fontaine ».

Table des matières

Achevé d'imprimer en août 2021
sur les presses de la Nouvelle Imprimerie Laballery
58500 Clamecy
Dépôt légal : septembre 2021
Numéro d'impression : 108387

Imprimé en France

La Nouvelle Imprimerie Laballery est titulaire de la marque Imprim'Vert®